Wandern Oberstdorf und Naturpark Nagelfluhkette

Bildband 24 Touren im Allgäu

Johann Schubert (primapage)

Impressum

Bibliografische Information der Deutschen Nationalbibliothek:

Die Deutsche Nationalbibliothek verzeichnet diese Publikation in der Deutschen Nationalbibliografie; detaillierte bibliografische Daten sind im Internet über dnb.dnb.de abrufbar.

Johann Schubert, Sonthofen
2. Auflage (18.06.03)
Email: schubsinf@gmail.com

Text, Fotos, Layout: Johann Schubert
Fotos der Tour Mädelegabel: Jan Schubert
Alle Rechte liegen beim Autor

Herstellung und Verlag: BoD – Books on Demand, Norderstedt.
ISBN: 978-3-7528-1358-6

Vorwort

Der Bildband stellt empfehlenswerte Rundwanderungen mit je fünf bis sieben Aufnahmen vor. Er wird ergänzt mit Tourenverlauf und Übersichtskarten aller Tourenstrecken. Die Aufnahmen schenken bereits bei der Auswahl Vorfreude auf das Wandern.

Beim Planen einer Tour helfen Hinweise zum Beginn (Parkplätze) und Leistungsbedarf mit Dauer, Streckenlänge und Höhendifferenz.

Der Leistungsbedarf macht alle Touren vergleichbar und wird errechnet mit einem Punkt je

- 1 Kilometer Wanderstrecke,
- 30 Minuten Gehzeit und
- 50 Meter Höhendifferenz.

Beispiel:

- 10 km Länge = 10 Punkte,
- 3 Stunden Gehzeit = 6 Punkte,
- 400 Höhenmeter = 8 Punkte ergeben
- 24 Leistungspunkte.

Weitere Bilder, Alben und Wanderberichte gibt der Verweis je Tour auf den Artikel in pagewizz.com im Internet.

Eine Liste aller Wanderungen des Autors im Allgäu zeigt der Bericht https://pagewizz.com/26057.

Abbildungen auf dem Einband:

Vorderseite: Oberstdorf, Blick von der Kapelle an der Gaisalpe auf das Rubihorn

Rückseite: Naturpark Nagelfluhkette, Wasserfall im Ostertal, Gunzesried, Blaichach

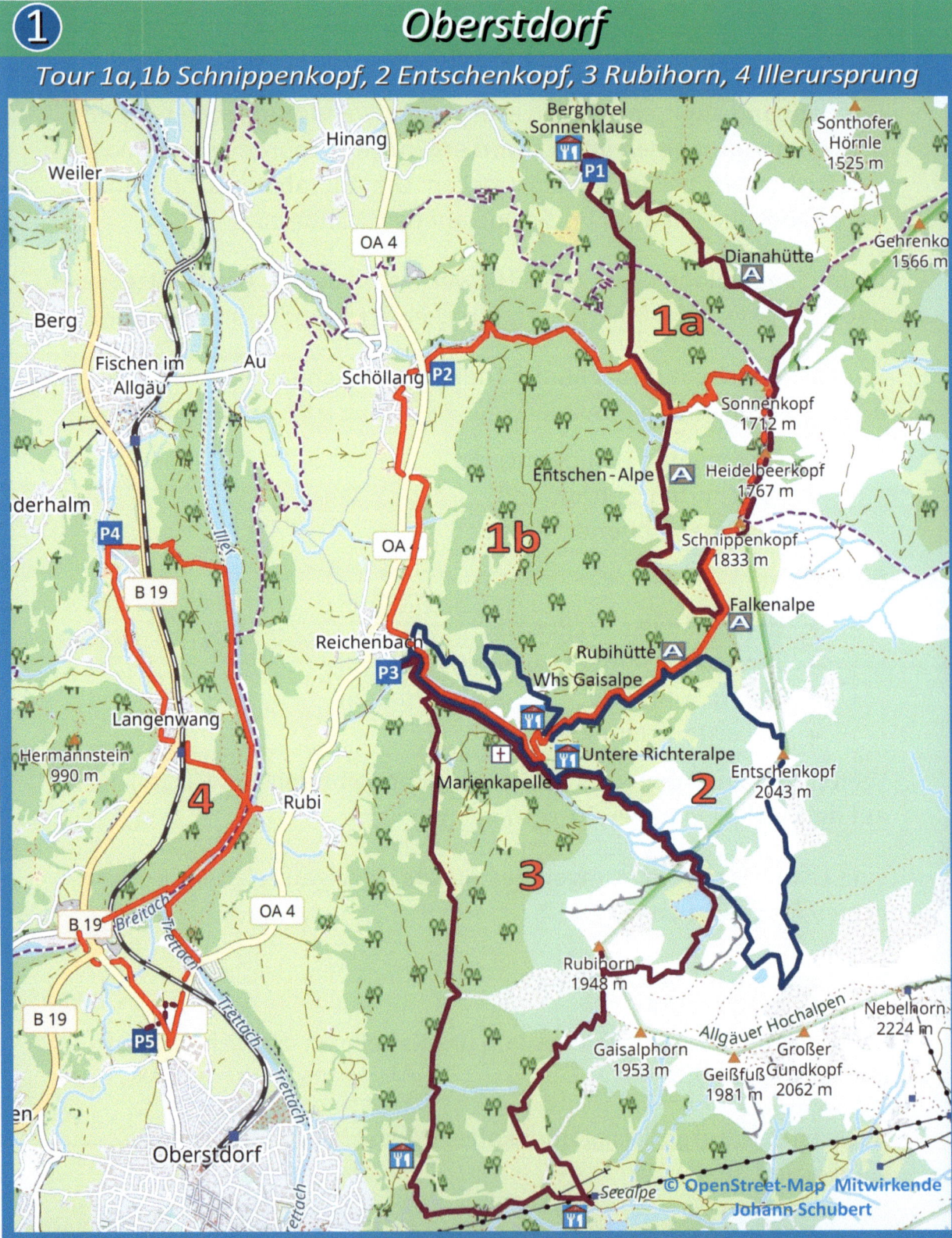

Weiler

Hinang

Sonthofer
Hörnle
1525 m

Berg

OA 4

Berghotel
Sonnenklause
P1

Dianahütte

Gehrenko
1566 m

Fischen im
Allgäu

Au

Schöllang
P2

1a

Sonnenkopf
1712 m

erhalm

Entschen-Alpe

Heidelbeerkopf
1767 m

1b

Schnippenkopf
1833 m

P4

B 19

OA 4

OA 4

Falkenalpe

Reichenbach

Rubihütte

Whs Gaisalpe

Entschenkopf
2043 m

P3

Untere Richteralpe

2

Langenwang

Hermannstein
990 m

Rubi

Marienkapelle

3

4

B 19

Breitach

OA 4

Trettach

Rubihorn
1948 m

Allgäuer Hochalpen

Nebelhorn
2224 m

B 19

P5

Trettach

Gaisalphorn
1953 m

Geißfuß
1981 m

Großer
Gundkopf
2062 m

Oberstdorf

Trettach

Seealpe

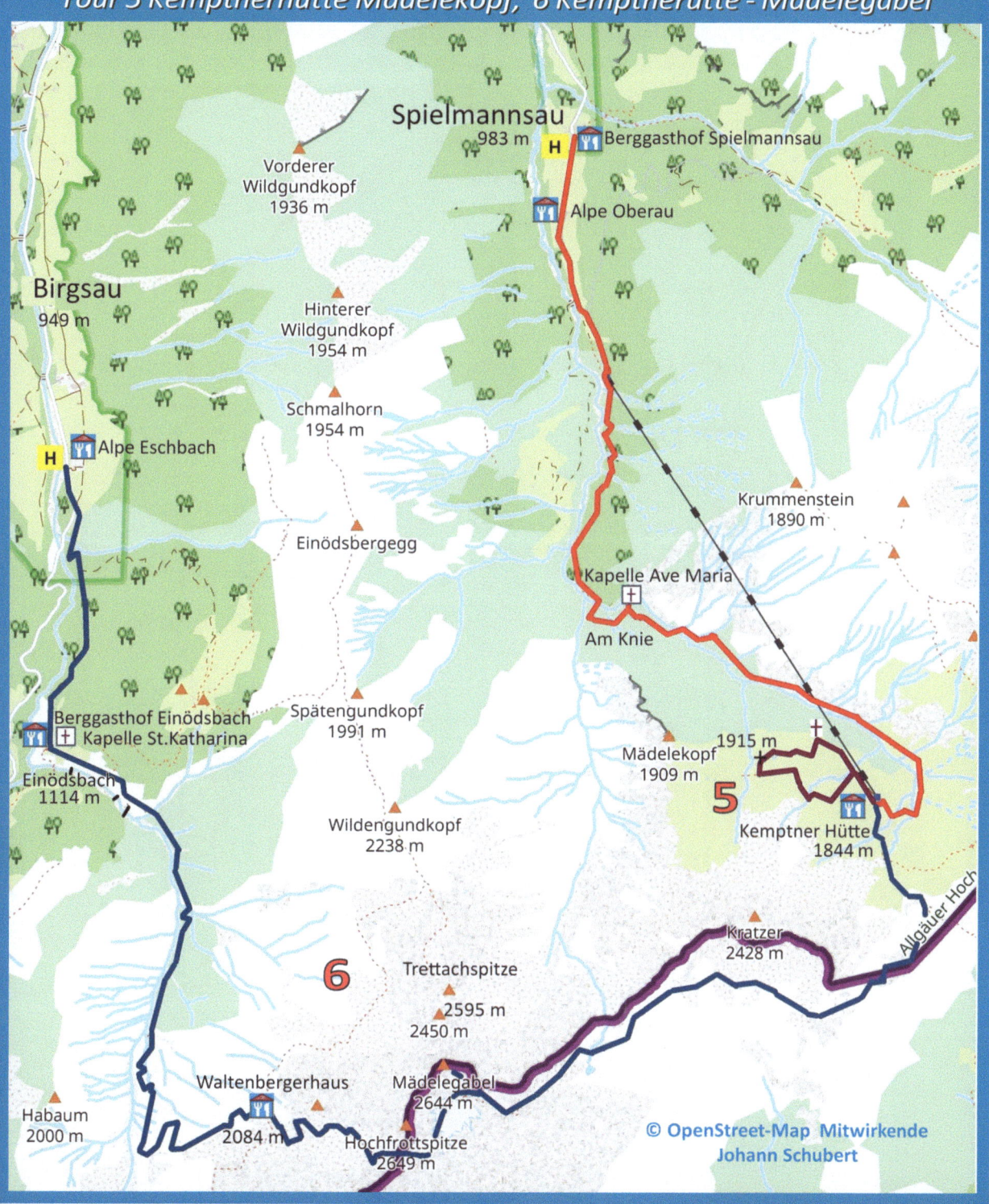

Spielmannsau
983 m
Berggasthof Spielmannsau

Vorderer
Wildgundkopf
1936 m

Alpe Oberau

Birgsau
949 m

Hinterer
Wildgundkopf
1954 m

Schmalhorn
1954 m

Alpe Eschbach

Krummenstein
1890 m

Einödsbergegg

Kapelle Ave Maria

Am Knie

Berggasthof Einödsbach
Kapelle St.Katharina

Spätengundkopf
1991 m

Mädelekopf
1909 m

1915 m

Einödsbach
1114 m

5

Kemptner Hütte
1844 m

Wildengundkopf
2238 m

6

Kratzer
2428 m

Trettachspitze

2595 m
2450 m

Allgäuer Hoch

Waltenbergerhaus

Mädelegabel
2644 m

Habaum
2000 m

2084 m

Hochfrottspitze
2649 m

© OpenStreet-Map Mitwirkende
Johann Schubert

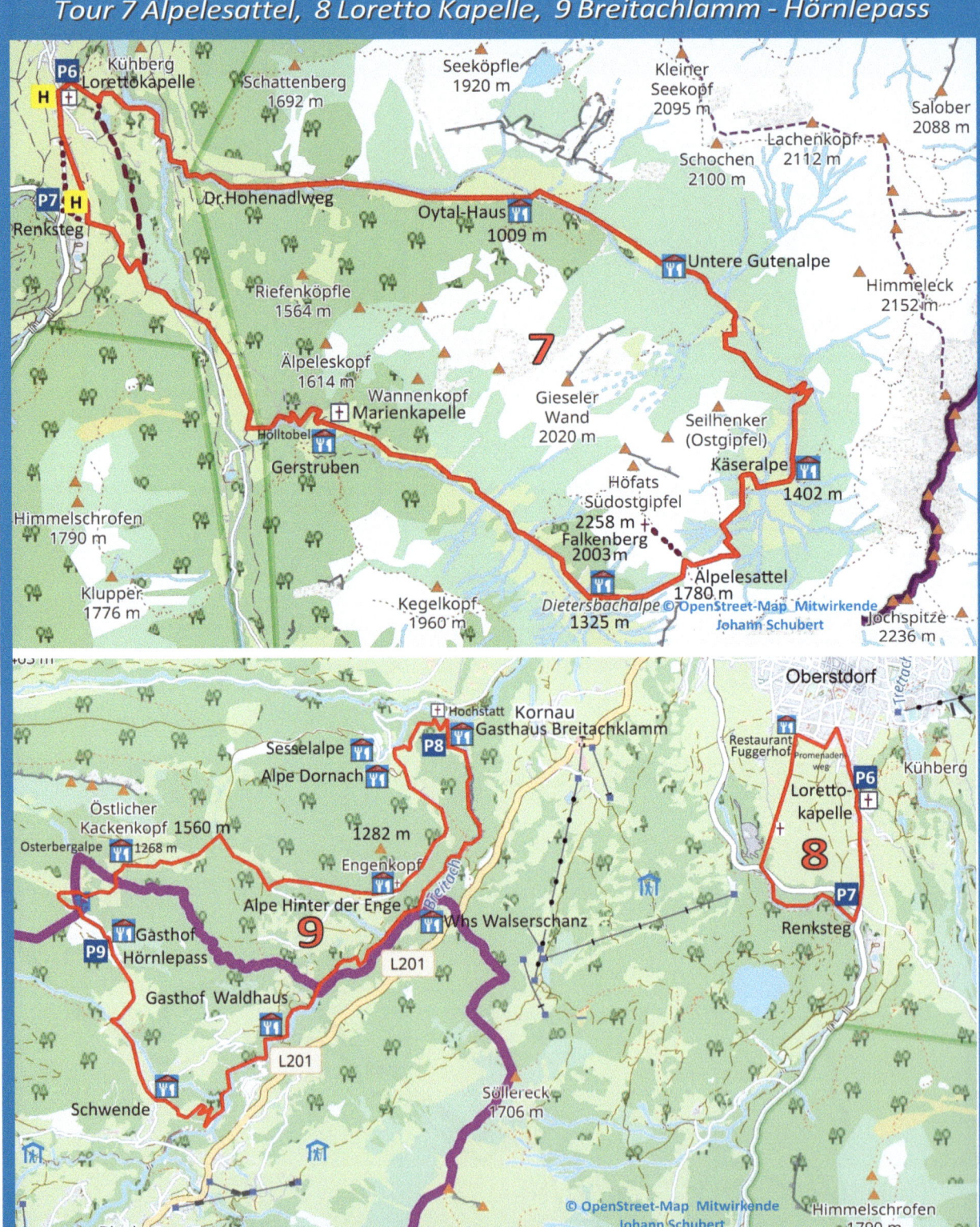

Tour 7 Älpelesattel, 8 Loretto Kapelle, 9 Breitachlamm - Hörnlepass

Tour 10 Besler, 11 Obermaiselstein - Judenkirche, 12 Weiherkopf

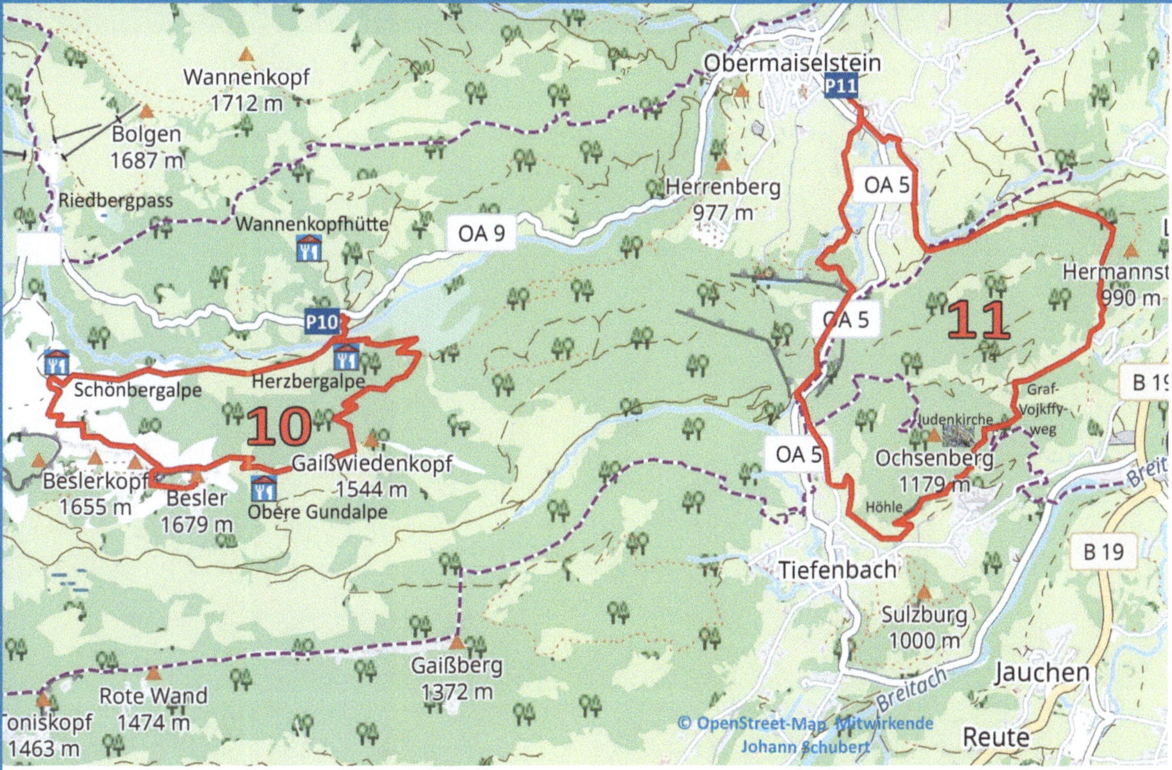

Touren Teil 1

Tour Beginn (Alternative) - Strecke

1 Schöllang (Hinang) - Schnippenkopf - Gaisalpe
2 Reichenbach - Entschenkopf - Gaisalpseen
3 Reichenbach - Rubihorn - Vordere Seealpe
4 Fischen (Oberstdorf) - Illerursprung
5 Spielmannsau - Kemptnerhütte - Mädelekopf
6 Spielmannsau - Mädelegabel - Alpe Eschbach
7 Öytal - Käseralpe - Älpele Sattel - Gerstruben
8 Lorettokapelle - Promenadenweg - Renksteg
9 Breitachklamm - Hörnlepass - Alpe Dornach
10 Riedbergstraße - Schönbergalpe - Besler
11 Obermaiselstein - Judenkirche - Tiefenbach
12 Bolsterlang - Rangiswangerhorn - Weiherkopf

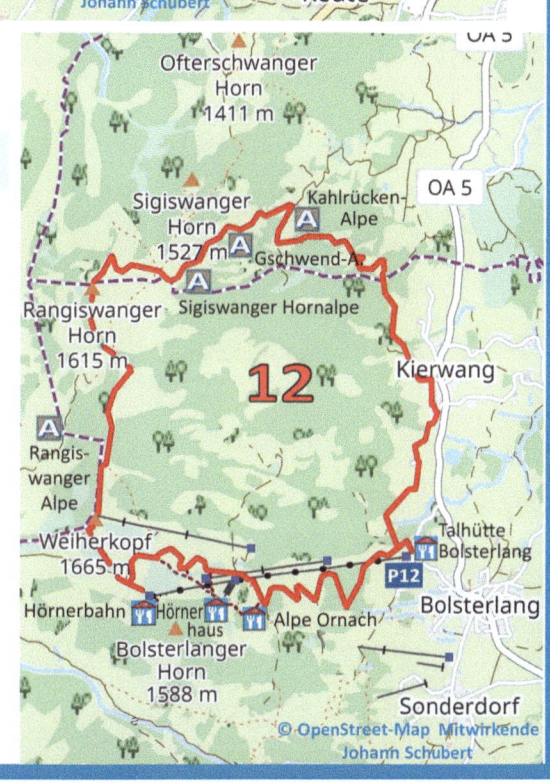

1 Schöllang (Hinang) - Schnippenkopf - Gaisalpe

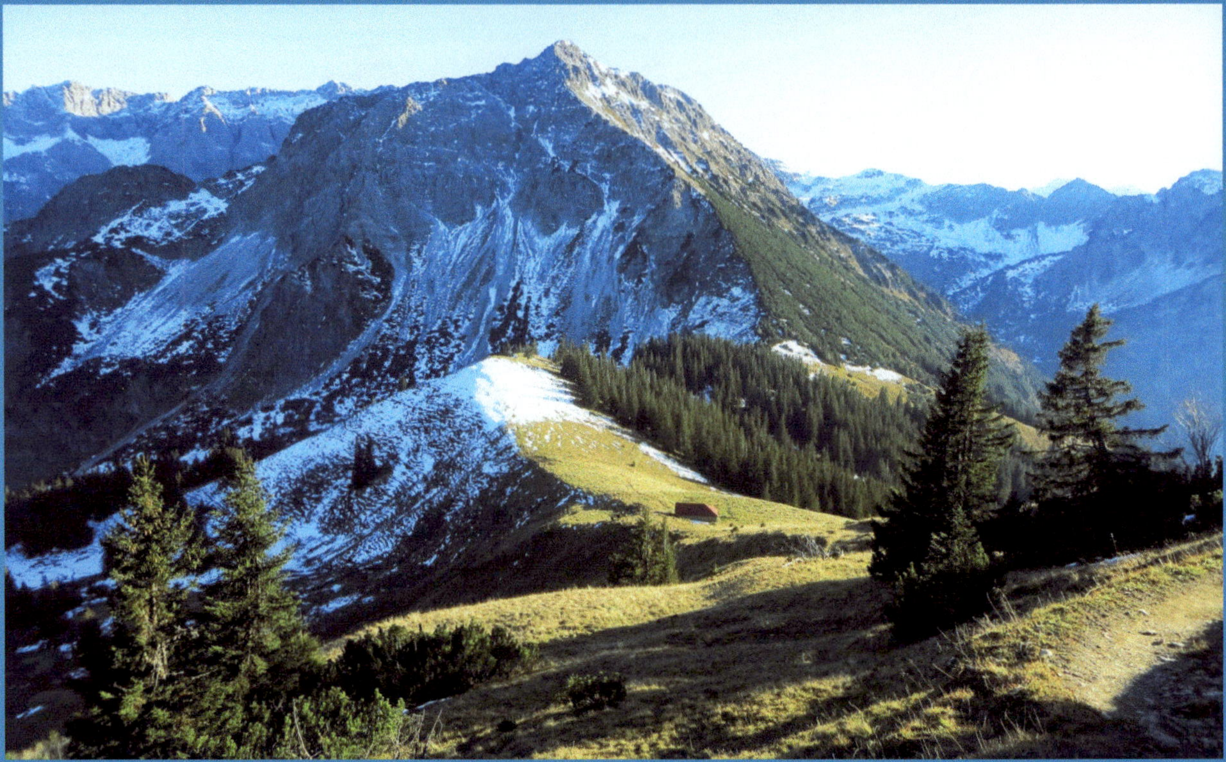

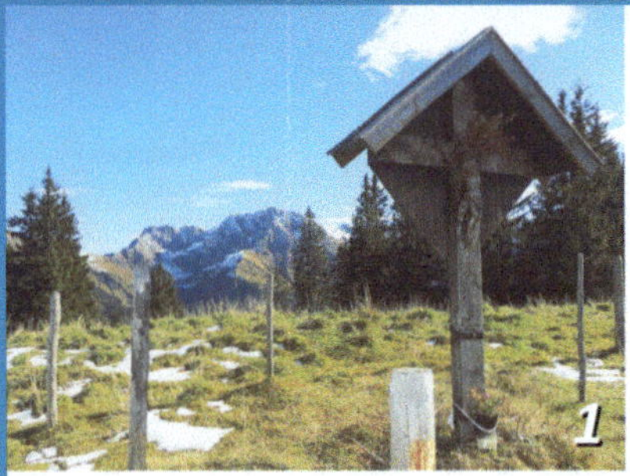

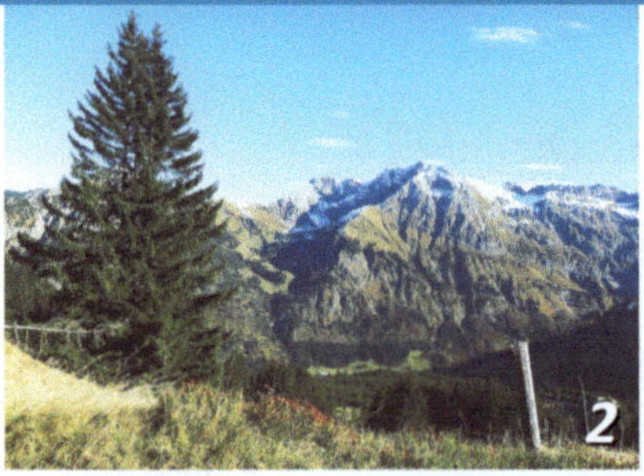

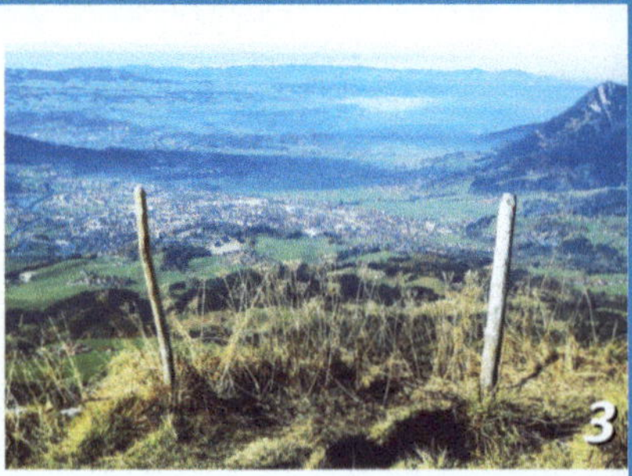

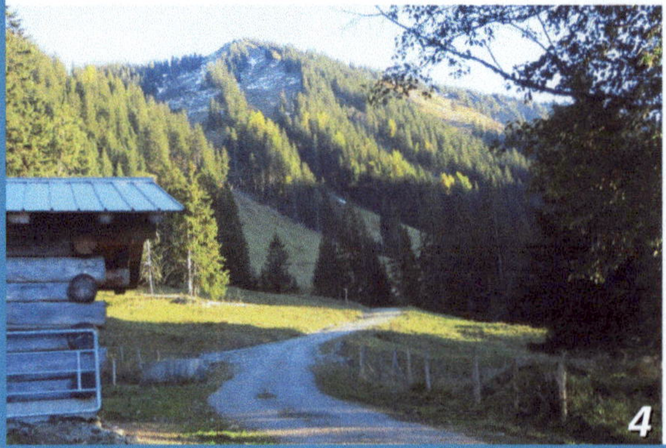

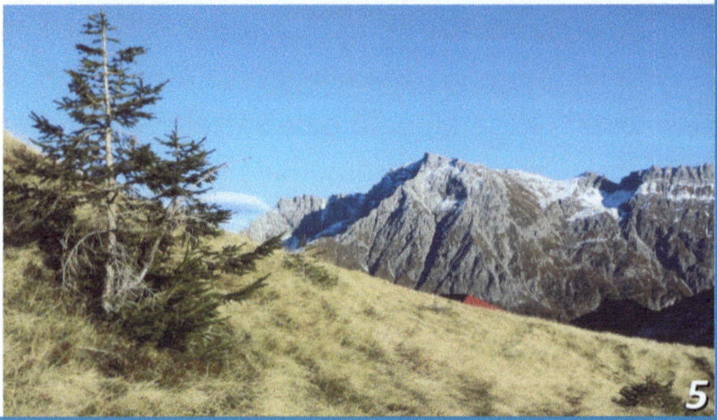

Tourenverlauf

Beginn: Tour 1a Parkplatz (P1) am Gasthof Sonnenklause, Hinang, Tour 1b Parkbucht (P2) Kreisstraße OA4 bei Schöllang, Oberstdorf. Ziel beider Touren ist der Sonnen- Heidelbeer- und Schnippenkopf.

Tour 1a: Auf der Almstraße beginnt die Wanderung gut markiert Richtung Sonnenkopf hoch zum Panoramaweg.

Tour 1b: Den Hang hoch geht es auf dem Sträßchen, dann beschildert links zum Eybachtobel. Hier dem Uferpfad folgen. Links über die Brücke, nach wenigen Minuten den Tobelweg rechts wählen. An der Almstraße geht es kurz rechts und dann links hoch zum Sonnenkopf.

Beide Touren führen vom Sonnen- über den Schnippenkopf zum Falkenjoch. Tour 1a zweigt rechts zur Entschenalpe und Sonnenklause. Tour 2b führt über die Gaisalpe durch den Gaisalptobel nach Reichenbach und auf dem Wanderweg nach Schöllang.

Wanderdaten Tour ab Hinang (Tour ab Schöllang)

- GEHZEIT STUNDEN 4,6 (5,25)
- LÄNGE KILOMETER 8,8 (11,2)
- HÖHENMETER 850 (1.050)
- LEISTUNGSBEDARF 35 (43)

Bildbeschreibung

Oben: Blick über den Falkensattel zum Entschenkopf
1: Blick Oberer Kohlersberg - Sonnenkopf
2: Am Sattel zwischen Heidelbeer- und Schnippenkopf Blick Großer Daumen
3: Blick vom Schnippenkopf auf Sonthofen und Burgberger Hörnle
4: Beim Abstieg Rückblick zum Schnippenkopf
5: Rückblick über den Falkensattel zum Großer Daumen
Weitere Bilder und Wanderbericht: https://pagewizz.com/20826

Tourenverlauf

Beginn: Parkplatz (P3) Reichenbach Gaisalpe

Die 20 Minuten längere Variante über den Rastplatz "Schöne Aussicht" und einer Almstraße empfiehlt sich zum üblichen Aufstieg auf der Almstraße zur Gaisalphütte. Ab der Hütte führt der Bergpfad vorbei an der Rubihütte zum Falkenjoch. Nach kurzem, ebenen Weg beginnt der Aufstieg zum Entschenkopf.

Der Aufstieg ist bis auf eine kurze Kraxelei über eine griffige Felswand gut angelegt. Der lange Kammsteig ab dem Entschenkopf endet Am Gängele und bietet schöne Aussichten in die Berge des Rettenschwanger- und Illertals sowie in die Oberstdorfer Bergwelt.

Nach dem leichten Klettersteig geht es vorbei an den Gaisalpseen. Vor dem Rückweg durch den Gaisbachtobel locken zur Einkehr die Richter- und Gaisalphütte.

Wanderdaten

- GEHZEIT STUNDEN 7,5
- LÄNGE KILOMETER 12,3
- HÖHENMETER 1.311
- LEISTUNGSBEDARF 54

Bildbeschreibung

Oben: Am Falkensattel vor dem Aufstieg zum Entschenkopf
1: Entlang der Felswand führt rechts empor der Steig zum Gipfel
2: Blick zur Rotspitz beim Aufstieg zum Entschenkopf
3: Auf dem Entschenkopf Blick zum Nebelhorn (Bildmitte)
4: Blick auf den Grat zwischen Entschenkopf und Am Gängele
5: Vom Gratsteig Blick über Unterer Gaisalpsee auf Gaisalp- und Rubihorn
Weitere Bilder und Wanderbericht: https://pagewizz.com/34551

1

2

3

4

5

Tourenverlauf

Beginn: Parkplatz (P3) Reichenbach Gaisalpe

Von der Almstraße zur Gaisalpe zweigt nach nach wenigen Minuten ein Weg in den Gaisalptobel zur Gaisalpe ab. Auf der Straße und dem Tobelweg braucht es die gleiche Zeit. Nach der Untere Richteralpe führt der Bergweg gut gesichert zum Gaisalpsee. Vom See steigt der Bergpfad hoch zum Sattel zwischen Gaisalp- und Rubihorn.

Rechter Hand ist nach wenigen Minuten das Gipfelkreuz des Rubihorns erreicht. Beim Rückweg über das Niedereck und den Roßbichel lockt die Vordere Seealpe an der mittleren Bergstation der Nebelhornbahn zur Einkehr.

Weiter geht es die Schanzenstraße hinab zum Wallrafweg. Hier kann das Cafe Breitenberg besucht werden. Erst beim Schild Gaisalpe wird der Wallrafweg links abzweigend verlassen. Der Weg mündet in die zum Parkplatz führende Gaisalpstraße.

Wanderdaten

- GEHZEIT STUNDEN 7
- LÄNGE KILOMETER 15,7
- HÖHENMETER 1.335
- LEISTUNGSBEDARF 56

Bildbeschreibung

Oben: Nahe Unterer Gaisalpsee zeigt sich das Gaisalphorn
1: Kapelle an der Gaisalpe
2: Wasserfall am Abfluss des Unterer Gaisalpsee
3: Blick Richtung Gaisalphorn mit Unterer Gaisalpsee und Wasserfall
4: Aufstieg vom Unterer Gaisalpsee zwischen Gaisalphorn und Rubihorn
5: Vom Sattel nahe Rubihorn Bergblick
Weitere Bilder und Wanderbericht: https://pagewizz.com/25583

Tourenverlauf

Beginn: Parkplatz (P4) Fischen, Freibad oder Oberstdorf (P5)

Am Tennisplatz links führt der Weg zum Illerdamm. Ab dem Illerufer empfiehlt sich der Uferweg Richtung Illerursprung - der Mündung von Trettach, Stillach und Breitach. Vom westlichen Aussichtsplatz führt wenige Minuten später unter der B19 und dem Kreisel Walserstraße der Wanderweg Richtung Oberstdorf.

Beim Kreisel am Ortsbeginn geht es auf der Straße Richtung Rubi. Der Start von hier bietet alternativ eine halb so lange Rundtour bis zum Illersteg an. Nach Querung der Brücke geht es links an der Trettach zur östlichen Aussicht Illerursprung. Ein Kunstwerk zeigt symbolhaft die drei Quellflüsse als Frauen.

Am Illersteg, wenige Meter Richtung Rubi, wartet eine Ruhebank am Wegekreuz mit Ausblick auf Rubi und Oberstdorf. Über den Illersteg nach Langenwang oder nach Oberstdorf endet die Tour.

Wanderdaten Fischen (Oberstdorf-Illersteg)

- GEHZEIT STUNDEN 2,5 (1,5)
- LÄNGE KILOMETER 10 (5,1)
- HÖHENMETER 30 (25)
- LEISTUNGSBEDARF 16 (9)

Bildbeschreibung

Oben: östlicher Aussichtsplatz Illerursprung
Mündungen Bild oben Trettach, mitte Stillach, unten Breitach
1: Am Parkplatz beim Freibad, Blick über Fischen zum Grünten
2: Nahe Illerbrücke vom Weg nach Rubi Blick nach Oberstdorf
3: Von der Illerbrücke Blick über die Iller zum Widderstein
4: Aussichtsplatz Illerursprung: Kunstwerk Frauen als Symbol der Flüsse
5: Rückweg nach der Illerbrücke nach Langenwang
Weitere Bilder und Wanderbericht: https://pagewizz.com/36854

Tourenverlauf

Beginn: Spielmannsau Busfahrt ab Parkplatz Lorettokapelle (P6), Renksteg (P7) oder Bahnhof (7h45, 8h45), Rückfahrt (17h10, 18h10)

Die Tour von Spielmannsau zum Mädelekopf über die Kemptner Hütte und zurück folgt dem Europäischen Fernwanderweg fünf. Am Knie, auf halber Strecke zur Hütte, steht die Kapelle Ave Maria. Zuvor stand hier die Wegkapelle von 1665 auf dem Wallfahrtsweg vom Lechtal, Tirol nach Maria Loretto, Oberstdorf.

Dreieinhalb Stunden unterwegs auf dem stark frequentierten E5 lohnt die Einkehr in die Kemptner Hütte mit Sonnenterrasse.

Hinter dem Haus lädt die Almstraße ein zur kurzen Rundtour auf den Almwiesen Auf den Wänden. Kaum besucht, zeigen sich neugierige Murmeltiere. Wahlweise kann auf einem Pfad der nahe Mädelekopf besucht werden.

Wanderdaten

- GEHZEIT STUNDEN 6,75
- LÄNGE KILOMETER 14,5
- HÖHENMETER 926
- LEISTUNGSBEDARF 47

Bildbeschreibung

Oben: Nahe Mädelekopf zeigen sich Muttlerkopf und Großer Krottenkopf
1: Wasserfälle am Sperrbach
2: Am Knie Ave Maria am Standort der ehemaligen Wegkapelle von 1665
3: Aussicht Kemptnerhütte von der Sonnenterrasse auf den Muttlerkopf
4: Auf den Wänden zeigen sich Muttlerkopf und Großer Krottenkopf
5: Blick von Bushaltestelle Spielmannsau ins Trettachtal zur Mädelegabel
Weitere Bilder und Bericht: https://pagewizz.com/37559

Tourenverlauf

Beginn: Spielmannsau Busfahrt ab Parkplatz Lorettokapelle (p6), Renksteg (P7) oder Bahnhof (7h45, 8h45), Rückfahrt Eschbachalpe (17h58, 18h58)

Mit dem Bus morgens nach Spielmannsau und abends zurück von der Alpe Eschbach, Birgsau gelingt eine Tagestour über Mädelegabel und Waltenberger Haus nur mit guter Kondition. Die Variante mit Übernachten auf der Kemptnerhütte erlaubt eine Zweitagestour.

Nach dreieinviertel Stunden auf dem Europäischen Fernwanderweg fünf wird die Kemptnerhütte erreicht. Zur 2.645 Meter hohen Mädelegabel sind es über den Heilbronner Weg ebenfalls dreieinviertel Stunden. Ohne Auf- und Abstieg mit 165 Höhenmeter zur Mädelegabel ist die Tour eine Stunde kürzer.

Der Abstieg über die Bockkarscharte und das Waltenberger Haus zur Eschbachalpe zum Bus dauert vier Stunden.

Wanderdaten Tagestour (zwei Tage)

- GEHZEIT STUNDEN 10,5 (3,5 / 7)
- LÄNGE KILOMETER 20,5 (6,5 / 14)
- HÖHENMETER 1.750 (900 / 850)
- LEISTUNGSBEDARF 77 (32 / 45)

Bildbeschreibung

Oben: Blick nahe Mädelegabel über den Kratzer zum Krottenkopf
1: Schwarzmilzsee
2: Bockkarspitze, Blick nahe Bockkarsattel
3: Kratzer Blick vom Heilbronner Weg
4: Blick zur Mädelegabel und Trettachspitze
Weitere Bilder und Bericht: https://pagewizz.com/37559

7 Öytal - Käseralpe - Älpele Sattel - Gerstruben

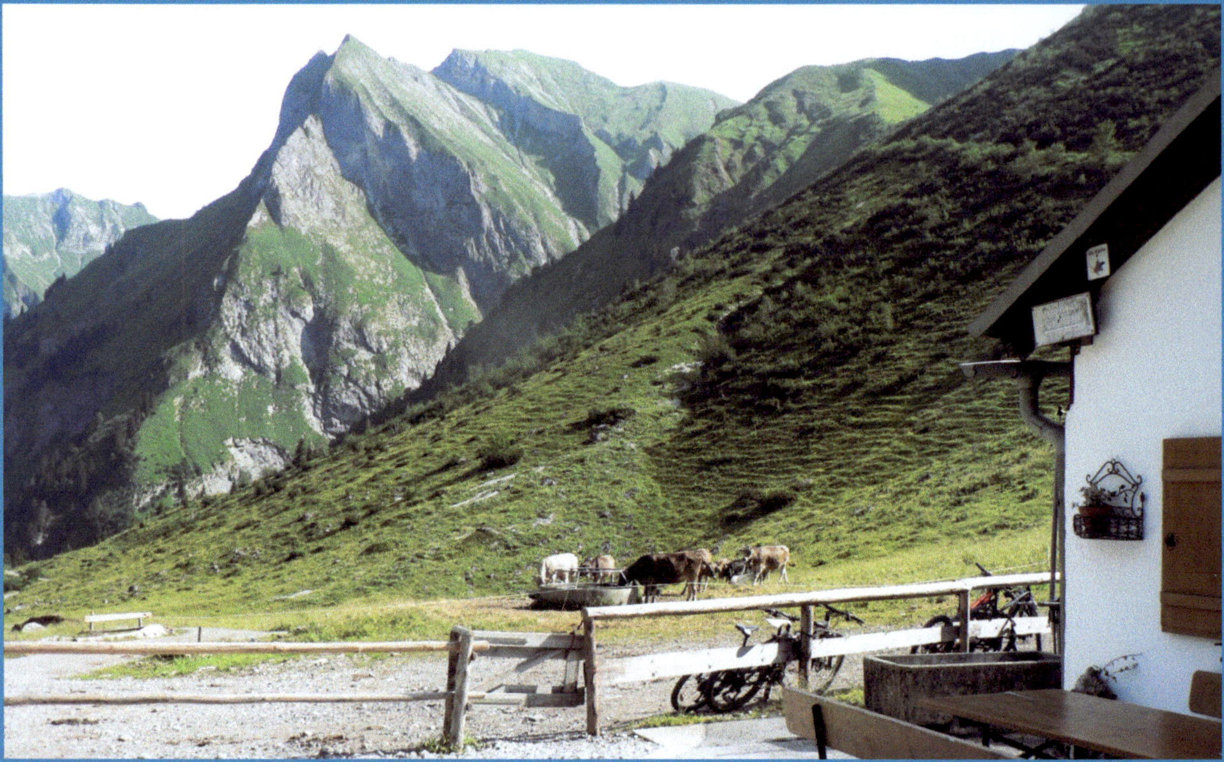

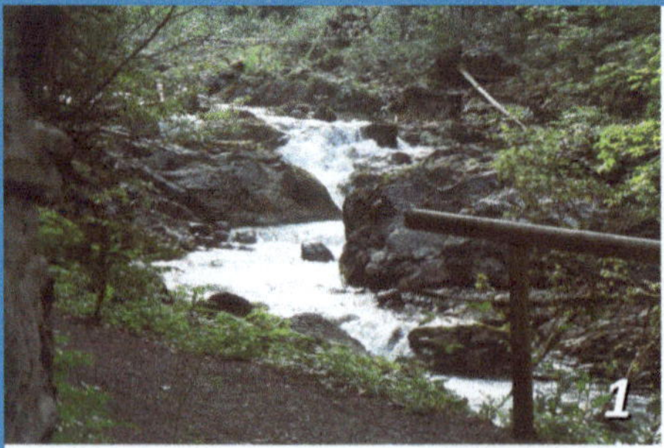

1

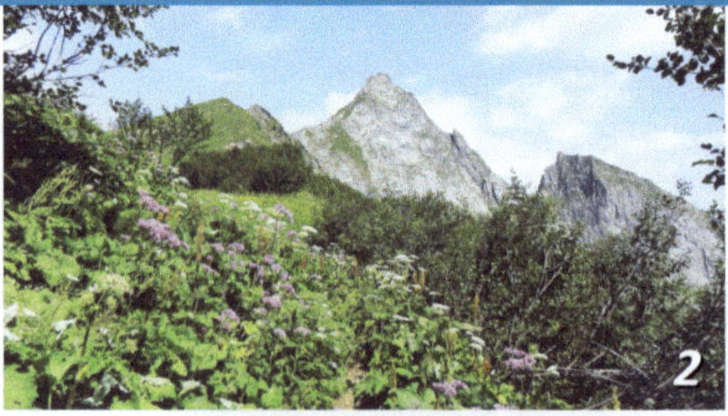

2

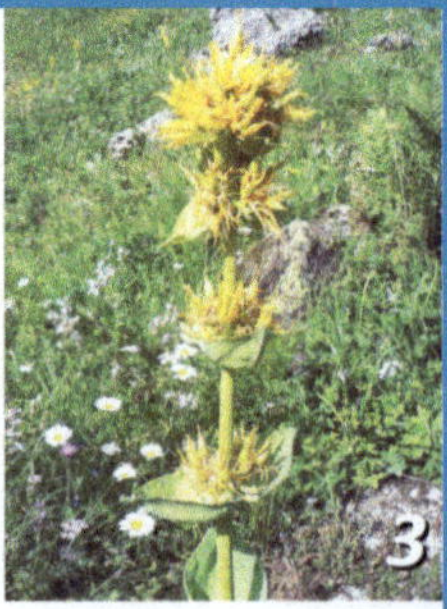

3

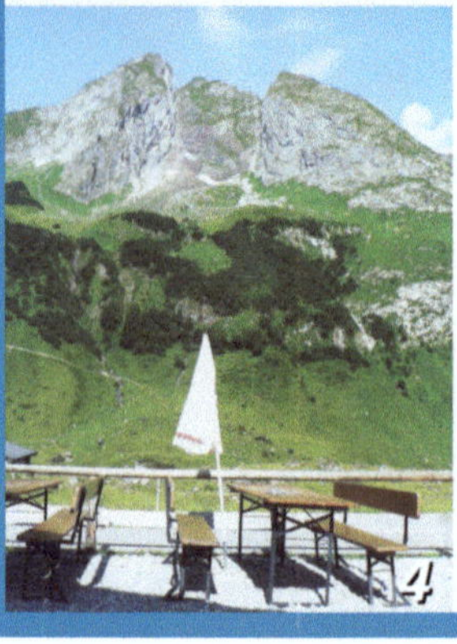

4

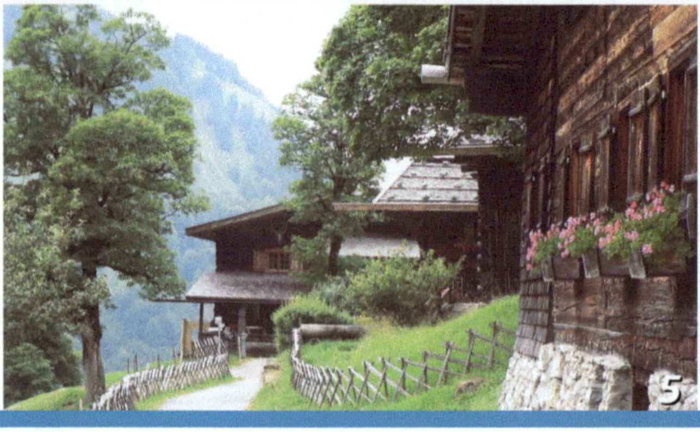

5

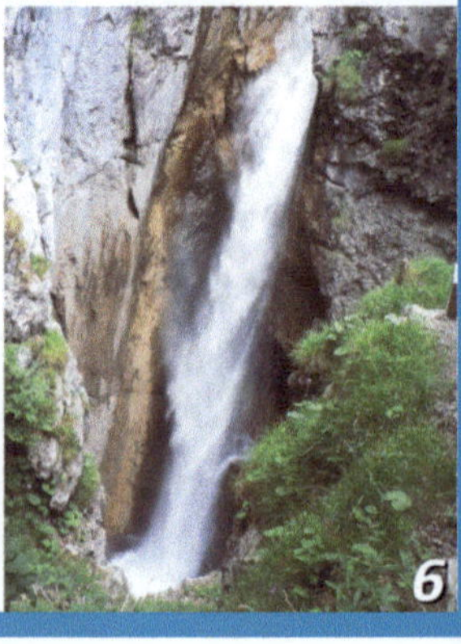

6

Tourenverlauf

Beginn: Parkplatz, Bushaltestelle Lorettokapelle (P6), Renksteg (P7)

Über das Moorbad auf dem Wanderweg von der Lorettokapelle aus oder direkt vom Renksteg auf der Straße geht es ins Trettachtal.

Nach Querung der Brücke empfiehlt sich der romantische Dr. Hohenadlweg zum Oytalhaus. Am Ende der Almstraße lädt die Käseralpe zur Einkehr. Dann geht es auf dem Steig - teils durch dichten Hangbewuchs - hoch zum Älpelesattel.

Hier lockt der Abstecher Richtung Höfats zum Falkenberg, erkennbar durch ein kleines Kreuz. Weiter weglos zur Höfats aufsteigen sollten nur sehr erfahrene, trittsichere und schwindelfreie Bergsteiger.

Vom Älpelesattel führt der Bergpfad hinab zur Dietersbachalpe. Bis Gerstruben schenkt die Almstraße bequemes Wandern. Beim Abstieg ins Trettachtal empfiehlt sich der Hölltobelweg mit Wasserfällen.

Wanderdaten

- GEHZEIT STUNDEN 7
- LÄNGE KILOMETER 22
- HÖHENMETER 990
- LEISTUNGSBEDARF 56

Bildbeschreibung

Oben: Käseralpe mit Blick auf Himmelhorn und Schneck
1: Auf dem Dr. Hohenadlweg ins Oytal
2: Blick zur Höfats beim Aufstieg von der Käseralpe zum Älpelesattel
3: Gelber Enzian nahe der Käseralpe
4: Blick von der Terrasse der Käseralpe
5: Gerstruben nahe der Kapelle
6: Wasserfall im Hölltobel unterhab Gerstruben
Weitere Bilder und Wanderbericht: https://pagewizz.com/34574

Tourenverlauf

Beginn: Parkplatz, Bushaltestelle Lorettokapelle (P6), Renksteg (P7)

Von der sehenswerten Lorettokapelle führt nach wenigen Minuten der Promenadenweg bis zum Heuweg. Der Weg liegt inmitten von Wiesen und schenkt Ausblicke auf die, das weite Tal umrahmenden Berge.

Dann wird durch den Wald der schöne Uferweg mit Rastbänken erreicht. Am Renksteg und an der Birgsauer Straße liegt je ein größerer Parkplatz mit Bushaltestelle. Alternativ kann hier die Rundwanderung beginnen. Die Birgsauer Straße führt zurück zur Lorettokapelle.

Für eine Einkehr vor oder nach der Wanderung empfiehlt sich der Start beim Fuggerhof am Heuweg. Der weite Ausblick von der Sonnenterrasse aus in die Berglandschaft ist ein besonderes Erlebnis.

Wanderdaten

- GEHZEIT STUNDEN 1,5
- LÄNGE KILOMETER 5
- HÖHENMETER 10
- LEISTUNGSBEDARF 8

Bildbeschreibung

Oben: Uferweg, Renksteg über die Stillach
1: Die größte der drei Lorettokapellen
2: Am Wegekreuz Blick ins Oytal zum Schneck
3: Am Ufer der Stillach nahe dem Renksteg
4: Heuweg am Fuggerhof, einer dernStartpunkte der Wanderung
5: Rückweg am Fuggerhof, Ende der Tour
Weitere Bilder und Wanderbericht: https://pagewizz.com/25454

9 Breitachklamm - Hörnlepass - Alpe Dornach

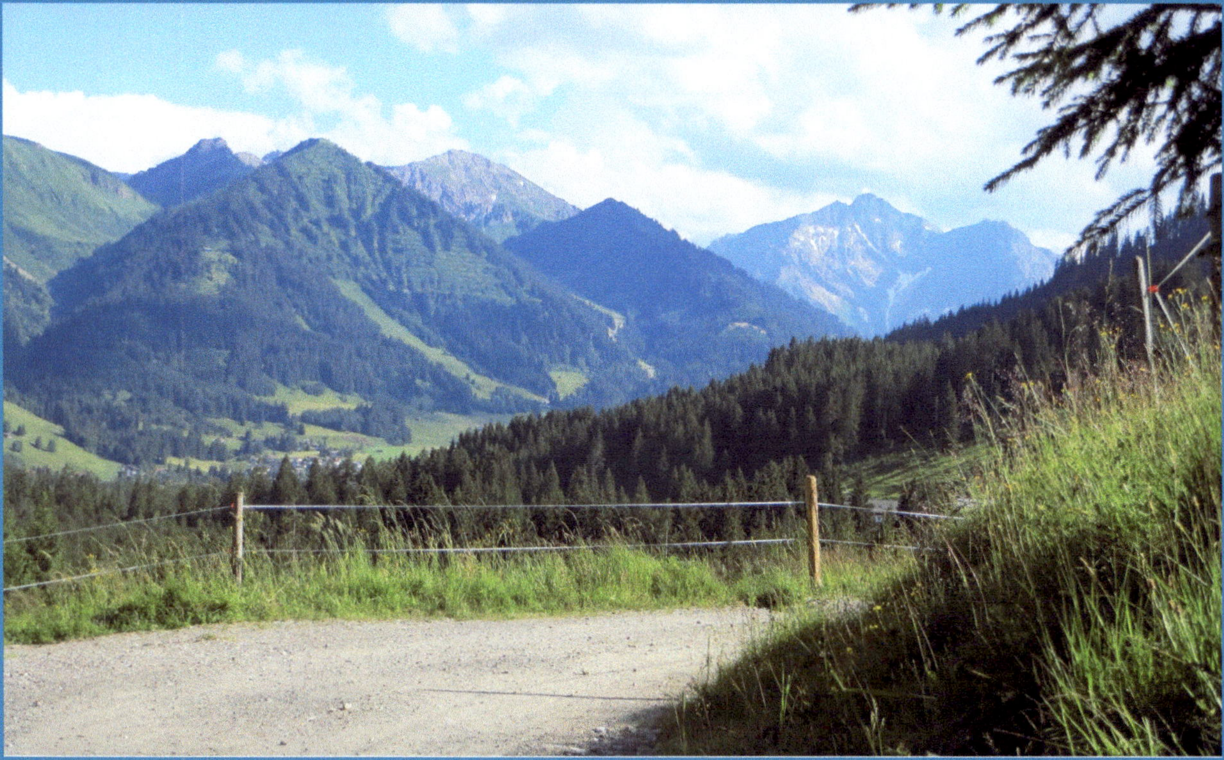

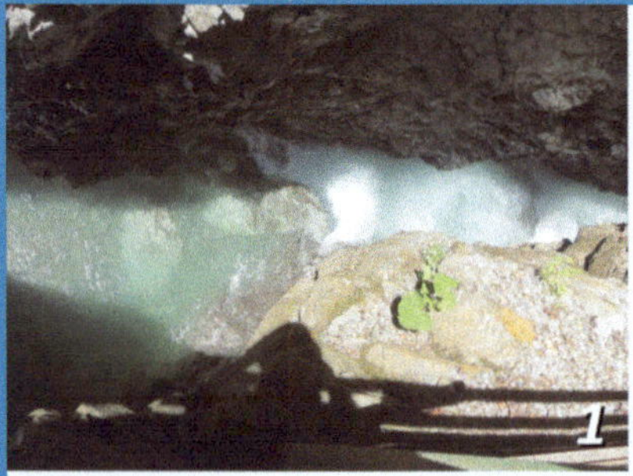

1

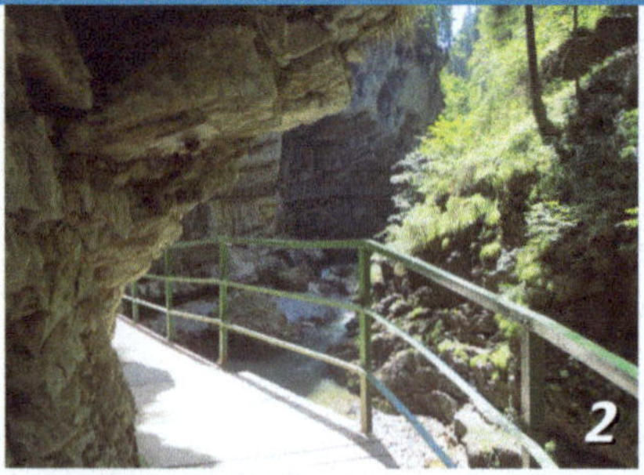

2

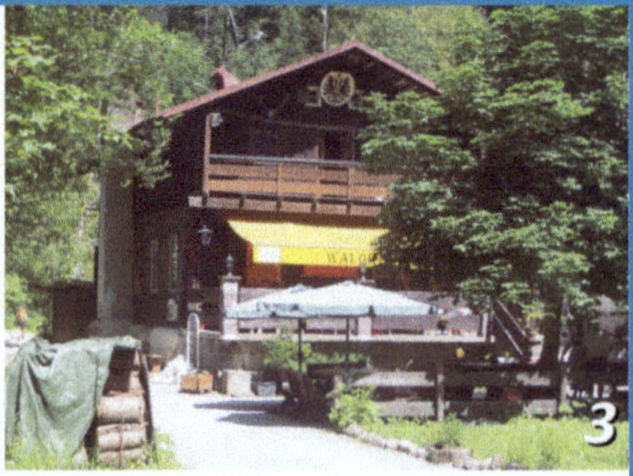

3

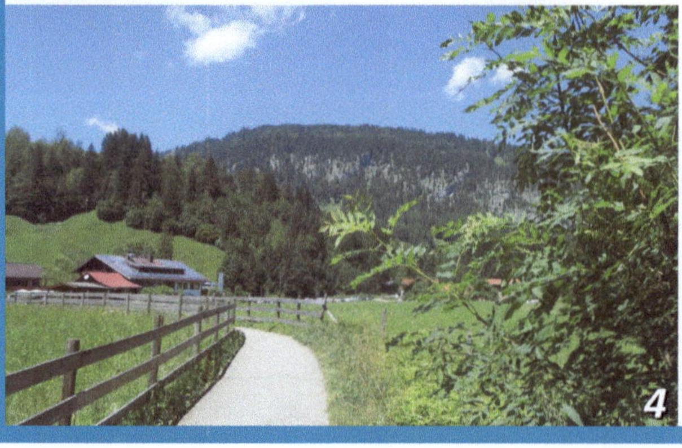

4

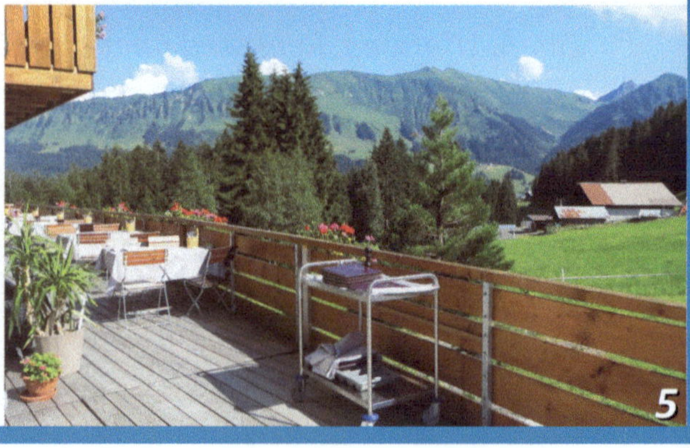

5

Tourenverlauf

Beginn: Parkplatz (P8) Breitachklamm nahe Tiefenbach, Oberstdorf

Der Besuch der stark besuchten Breitachklamm auf breitem Weg mit ebenem Belag ist durchgehend mit Geländer gesichert.

Nach der lauten Klamm erfreut die Stille entlang des Breitachufers Richtung Riezlern. Kurz nach der Grenze Bayern - Vorarlberg lädt das urige Waldhaus zur Rast ein. Dann führt der breite Weg aus dem Tal nach Außerschwende mit freier Sicht ins Kleinwalsertal und auf die Oberstdorfer Berge.

Von Außerschwende steigt die Straße hoch zum einladenden Alpengasthof Hörnlepass mit sehenswertem Kräutergarten. Der Rückweg über die Alpe Dornach - überwiegend auf bequemen Almstraßen mit vielen Ausblicken - ist ein besonderes Erlebnis.

Die Variante Rückfahrt mit Bus spart acht Kilometer zu wandern.

Wanderdaten (Variante Rückfahrt mit dem Bus)

- GEHZEIT STUNDEN 5,0 (3,0)
- LÄNGE KILOMETER 16,5 (8,5)
- HÖHENMETER 475 (400)
- LEISTUNGSBEDARF 36 (26,5)

Bildbeschreibung

Oben: Bild: Ausblick zwischen Hörnlepass und Osterberg-Alpe zum Elferkopf
1: In der Breitachklamm
2: In der Breitachklamm auf breitem, sicheren Wege
3: Waldhaus zur Einkehr im Breitachtal
4: Rückblick zum Eingang Breitachklamm
5: Terrasse Gasthof Hörnlepass mit Blick ins Kleinwalsertal
Weitere Bilder und Wanderbericht: https://pagewizz.com/36097

Tourenverlauf

Beginn: Parkplatz (P10) Wannenkopfhütte an der Riedbergstraße

Vom Parkplatz führt rechts den Hang hinab ein Weg zur Almstraße. Über die Brücke - vorbei an der Herzbergalpe - wird bequem ansteigend die Schönbergalpe erreicht.

Links abbiegend windet sich unter dem Beslerkopf der Wanderpfad hoch. Aufwärts im Einschnitt zwischen Felsen wird der Weg ebener und der Blick frei auf den Besler und die Berge Oberstdorfs. Bei der Weggabel wird der Steig rechts zum Sattel gewählt. Den Weg links wählen Wanderer, die den Klettersteig hoch zum Besler wollen.

Auf dem Bergweg am Südhang wird gemütlich ansteigend der 1.679 Meter hohe Besler erreicht. Zurück über die Obere Gundalpe lockt erfahrene Bergwanderer - direkt beim Gipfelkreuz - der gesicherte Klettersteig zum alternativen Abstieg. Gemütlich und sicher zurück über die Weggabelung dauert es eine halbe Stunde länger.

Wanderdaten (Variante Klettersteig)

- GEHZEIT STUNDEN 3,5 (3,0)
- LÄNGE KILOMETER 8,10 (7,20)
- HÖHENMETER 620 (560)
- LEISTUNGSBEDARF 28 (25)

Bildbeschreibung

Oben: Blick vom Besler in die Allgäuer Bergwelt
1: Es zeigt sich die Schönbergalpe
2: Rückblick zum Aufstieg Richtung Westen
3: Am Ende der Beslerwände führt der Klettersteig zum Gipfel
4: Besler Blick zu Rotspitze, Großer Daumen, Nebelhorn, Hochvogel
5: Rückblick zum Besler und Klettersteig
Weitere Bilder und Wanderbericht: https://pagewizz.com/37571

Tourenverlauf

Beginn: Parkplatz (P11) Kurpark Haus des Gastes, Obermaiselstein

Im Kurpark beginnt der Rundweg sechs, der Am Goldbach rechts abbiegt und in die vom Hirschsprung kommende Almstraße mündet. An einer Hütte zweigt ein Wiesenpfad Richtung Wald. Rechter Hand geht der Steig hoch zu einem Sträßchen, das nach Jägersberg führt. Hier steigt die Straße hoch Richtung Ochsenberg.

Im Ried weist die Markierung auf den Wiesenpfad Richtung Kapf. Im Wald zeigt ein Wegweiser den Hang hoch zur Judenkirche, einem mächtigen Felsbogen. Es laden Bänke ein zum Blick auf die Berge Oberstdorfs. Der Steig geht aufwärts über Kapf nach Tiefenbach.

Der Wanderweg Richtung Hirschsprung mündet in die Straße nach Obermaiselstein. Diese wird beim Hirschsprung links in Richtung Sturmannshöhle verlassen. Am Restaurant Hirschsprungstuben vorbei endet die Tour nach wenigen Metern beim Kurpark.

Wanderdaten

- GEHZEIT STUNDEN 1,5
- LÄNGE KILOMETER 5
- HÖHENMETER 10
- LEISTUNGSBEDARF 8

Bildbeschreibung

Oben: Im Kurpark Obermaiselstein Blick auf Nebelhorn und Rubihorn
1: Blick zurück Richtung Hirschsprung
2: Die Felsformationen Judenkirche zwischen Jägersberg und Wasach
3: Blick zurück auf Tiefenbach
4: Blick von Jägersberg auf Oberstdorf
5: Blick Richtung Hirschsprung vom Weg fünf nahe Tiefenbach
Weitere Bilder und Wanderbericht: https://pagewizz.com/35007

Tourenverlauf

Beginn: Parkplatz (P12) Bolsterlang Hörnerbahn Talstation

Oberhalb der Talstation beginnt der Waldweg nach Kirwang und mündet in die Straße Angerweg. Weiter auf der Straße Bergweg steigt der Wanderweg hoch in Richtung Kahlrückenalpe zum Rangiswanger Horn. Auf 1.455 Meter Höhe kann alternativ zum Aufstieg Rangiswanger Horn der Panoramaweg zum Weiherkopf gewählt werden. Das spart 60 Höhenmeter. Die Aussicht in die Berge ist ähnlich, angenehmer wandert es sich über den Gipfel.

Am Sattel zum Weiherkopf treffen sich beide Strecken. Bald geht es auf einer Almstraße aufwärts zum Weiherkopf. Hier laden Bänke zur Rast ein.

Unterhalb des Gipfels und rasch erreichbar locken zur Einkehr die Bergstation Hörnerbahn und nahe der Mittelstation das Hörnerhaus. Wer den Abstieg sparen will, fährt mit der Hörnerbahn ins Tal.

Wanderdaten

- GEHZEIT STUNDEN 4,5
- LÄNGE KILOMETER 11,5
- HÖHENMETER 830
- LEISTUNGSBEDARF 37

Bildbeschreibung

Oben: Am Kurpark Blick Bolsterlang mit Weiherkopf und Rangiswangerhorn
1: Am Weg zur Kahlrückenalpe Blick Entschenkopf, Nebelhorn, Rubihorn
2: Pfad zum Rangiswangerhorn
3: Rastbank auf dem Weiherkopf, Blick zur Bergstation mit Bolsterlanger Horn
4: Blick Sonthofen, Illertal mit Grünten vom Abzweig Rangiswangeralpe
5: Auf dem Rangiswangerhorn
Weitere Bilder und Wanderbericht: https://pagewizz.com/31830

Touren Teil 2

Tour Beginn - Strecke

1 Alpe Eck - Ofterschwanger Horn

2 Gunzesried Säge - Ostertal-Tobelweg - Buhls Alpe

3 Gunzesried Säge - Ostertal - Ofterschwanger Horn

4 Ostertal - Rangiswanger Horn - Fahnengehren Alpe

5 Gunzesried, Aubachal - Siplinger Nadeln - Siplinger Kopf

6 Scheidwangalpe - Hochgrat - Brunnenauscharte

7 Scheidwangalpe - Rindalphorn - Geichenwanger Kopf

8 Aubachtal - Gündleskopf - Buralpkopf - Gatter Alpe

9 Gunzesried Säge - Stuiben - Sedererstuiben

10 Gunzesried - Vordere Krumbachalpe - Steineberg

11 Gunzesried - Tobelweg - Mittag - Vordere Krumbachalpe

12 Bühl - Großer Alpsee - Siedelalpe - Alpe Schönesreuth

Flora im Naturpark Nagelfluhkette, Steineberg

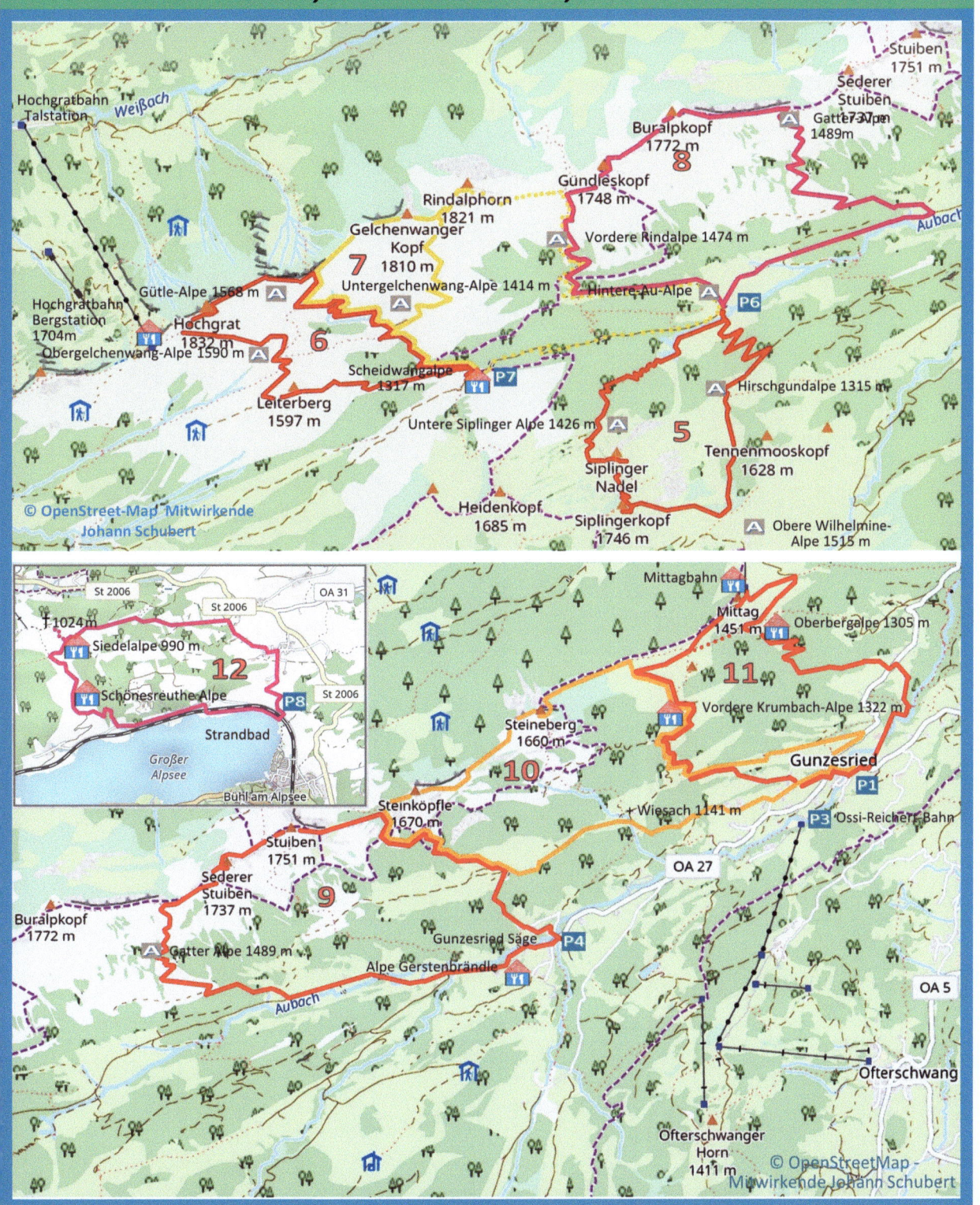

© OpenStreet-Map Mitwirkende
Johann Schubert

Hochgratbahn
Talstation

Weißach

Stuiben
1751 m

Sederer
Stuiben
Gatterłpe
1489m

Buralpkopf
1772 m

8

Gündleskopf
1748 m

Aubach

Rindalphorn
1821 m

Gelchenwanger
Kopf
1810 m

Vordere Rindalpe 1474 m

7

Untergelchenwang-Alpe 1414 m

Hintere-Au-Alpe

P6

Gütle-Alpe 1568 m

Hochgratbahn
Bergstation
1704m

Hochgrat
1832 m

Obergelchenwang-Alpe 1590 m

6

Scheidwangalpe
1317 m

P7

Hirschgundalpe 1315 m

Leiterberg
1597 m

Untere Siplinger Alpe 1426 m

5

Tennenmooskopf
1628 m

Siplinger
Nadel

Heidenkopf
1685 m

Siplingerkopf
1746 m

Obere Wilhelmine-
Alpe 1515 m

St 2006

OA 31

1024 m

Siedelalpe 990 m

12

Schönesreuthe Alpe

P8

St 2006

Strandbad

Großer
Alpsee

Bühl am Alpsee

Mittagbahn

Mittag
1451 m

Oberbergalpe 1305 m

11

Vordere Krumbach-Alpe 1322 m

Steineberg
1660 m

10

Gunzesried

P1

Wiesach 1141 m

Steinköpfle
1670 m

P3

Ossi-Reichert-Bahn

OA 27

Stuiben
1751 m

Sederer
Stuiben
1737 m

9

OA 5

Buralpkopf
1772 m

Gatter Alpe 1489 m

Gunzesried Säge

P4

Aubach

Alpe Gerstenbrändle

Ofterschwang

Ofterschwanger
Horn
1411 m

© OpenStreetMap -
Mitwirkende Johann Schubert

1 Alpe Eck - Ofterschwanger Horn

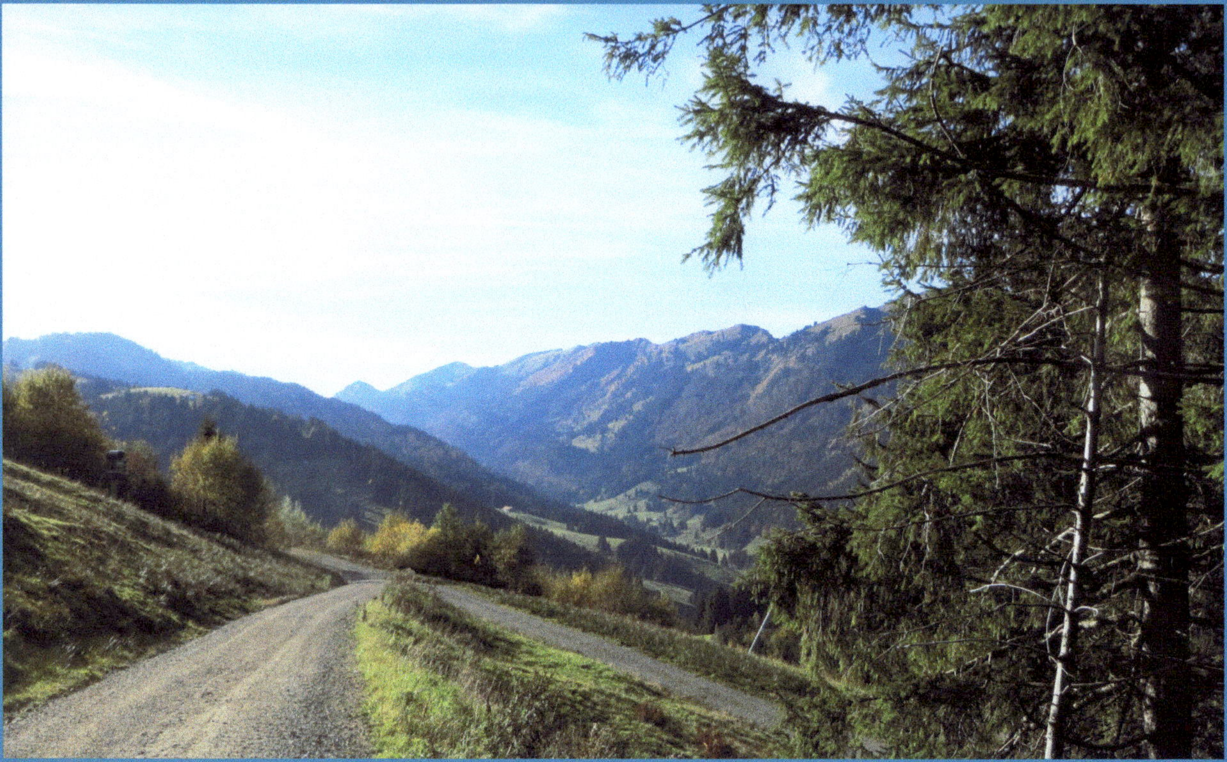

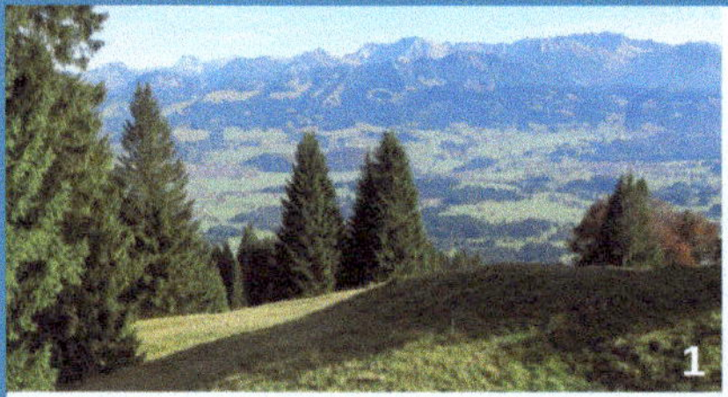

1

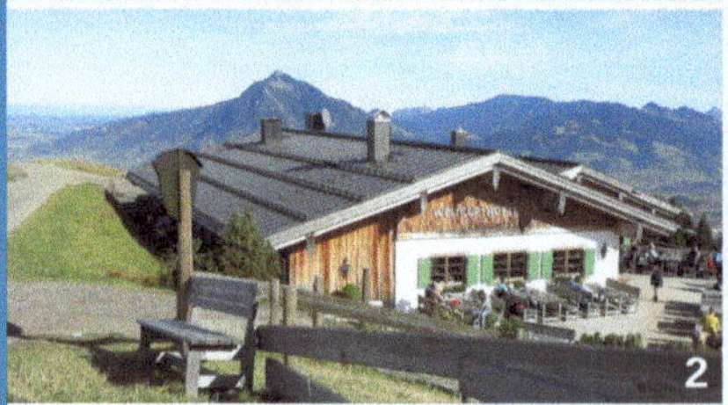

2

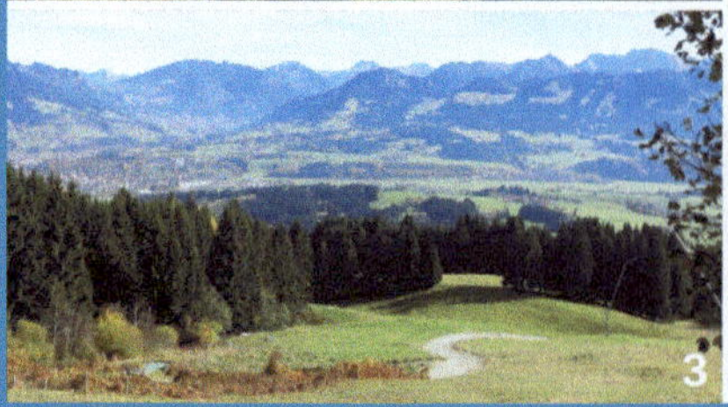

3

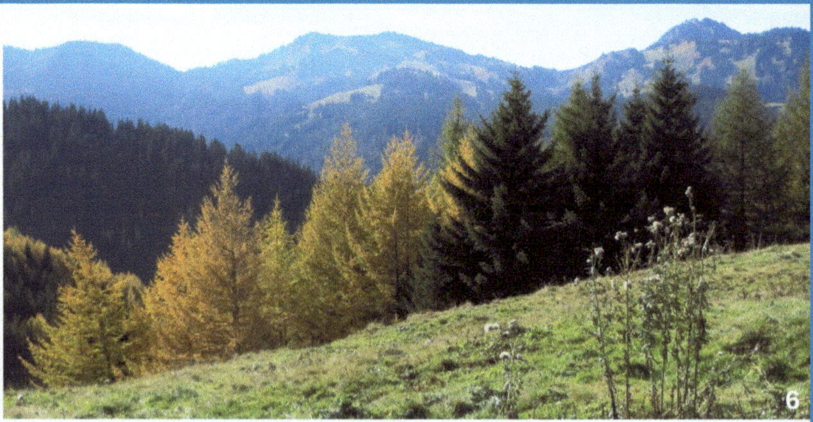

6

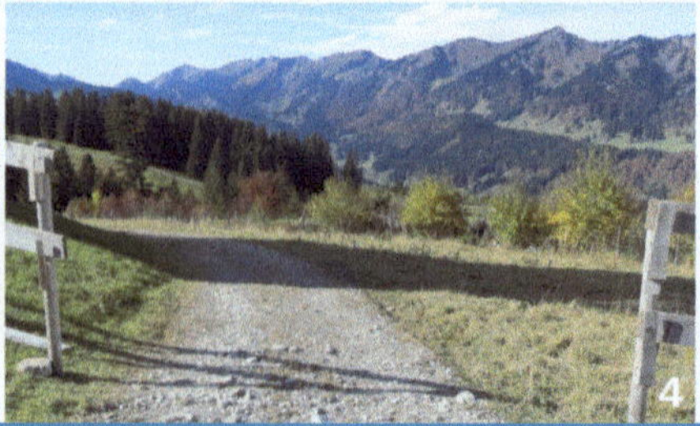

4

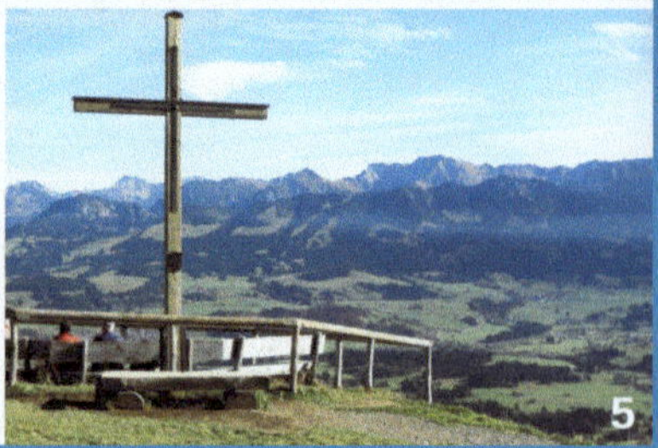

5

Tourenverlauf

Beginn: Parkplatz (P2) Kapf - Alpe Eck

Von Kapf nahe Halden zweigt die Mautstraße den Hang hoch zum Parkplatz Alpe Eck (Maut vier Euro in Münzen). Hier wird auf der Almstraße nach 1.500 Meter und 160 Höhenmetern die einladende Bergstation Weltcup-Express erreicht. Als Variante erwähnenswert ist die Fahrt hierher mit dem Sessellift von Ofterschwang aus.

Der Panoramaweg führt zum Gipfelkreuz des Ofterschwanger Horns. Beim Abstieg Richtung Fahnengehren-Alpe führt vor der Alpe abzweigend die Route nach rechts Richtung Gunzesried. Zurück führt die um 1.300 Meter kürzere Variante rechts abbiegend über die Weltcup-Hütte.

Die Rundstrecke folgt der Almstraße links abwärts in Richtung Gunzesried. Vor der Geißrückenalpe geht es rechter Hand zum Ausgangspunkt Alpe Eck.

Wanderdaten (kürzere Variante)

- GEHZEIT STUNDEN 2,75 (2,25)
- LÄNGE KILOMETER 7,1 (5,8)
- HÖHENMETER 335 (265)
- LEISTUNGSBEDARF 20 (16)

Bildbeschreibung

Oben: Blick auf die Nagelfluhkette vom Hochgrat bis zum Stuiben
1: Gipfelaussicht auf Rotspitz und Großer Daumen
2: Weltcup-Hütte an der Bergstation, Grüntenblick
3: Nahe Alpe Eck Blick Sonthofen, Illertal, Ostrachtal
4: Nagelfluhkette vom Hochgrat bis zum Steineberg
5: Vom Bolsterlanger Horn, Blick auf Großer Daumen
6: Bolsterlanger Horn Blick rechts auf Siplinger Kopf
Weitere Bilder und Wanderbericht: https://pagewizz.com/30619

2 Gunzesried Säge - Ostertal - Tobelweg - Buhls Alpe

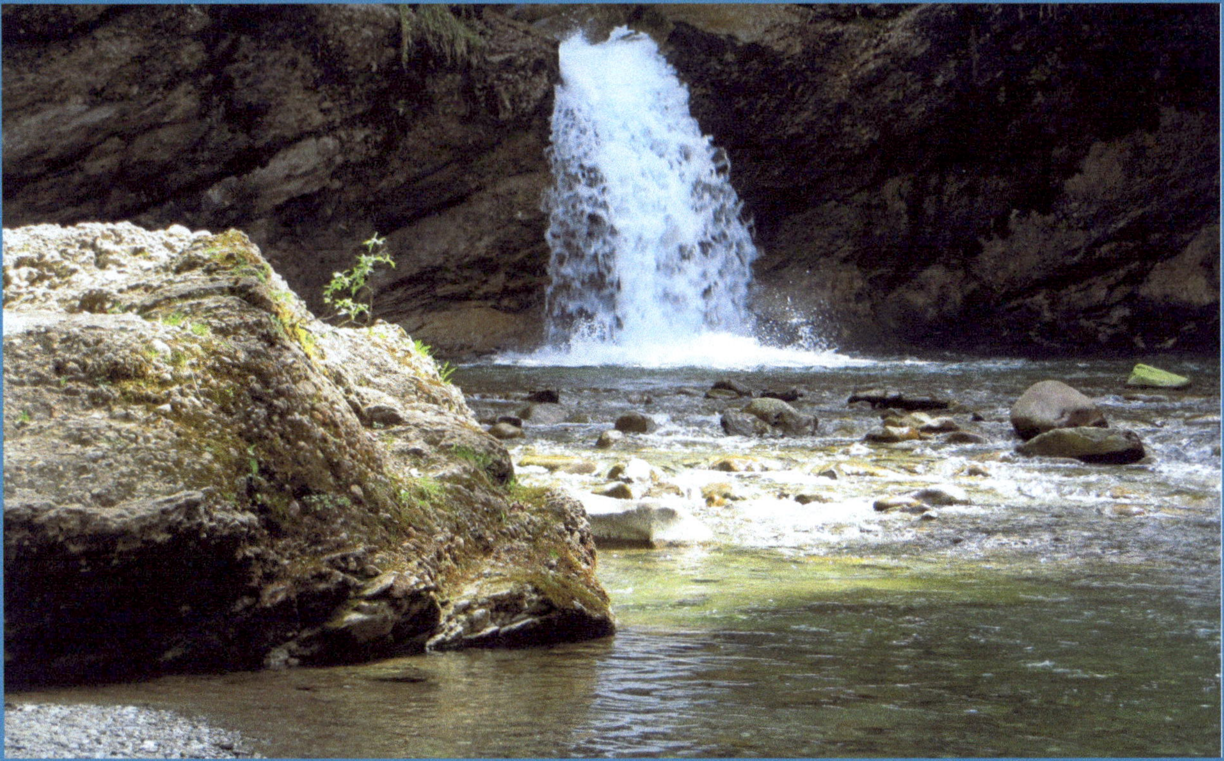

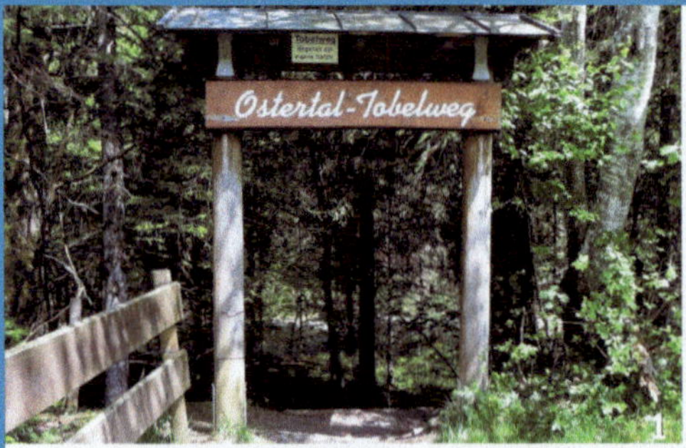

1

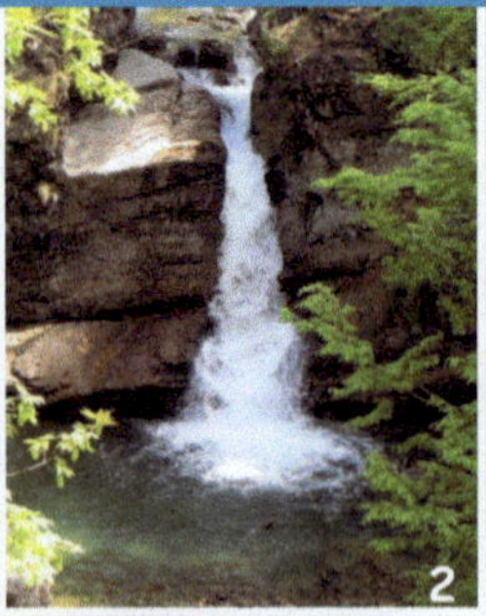

2

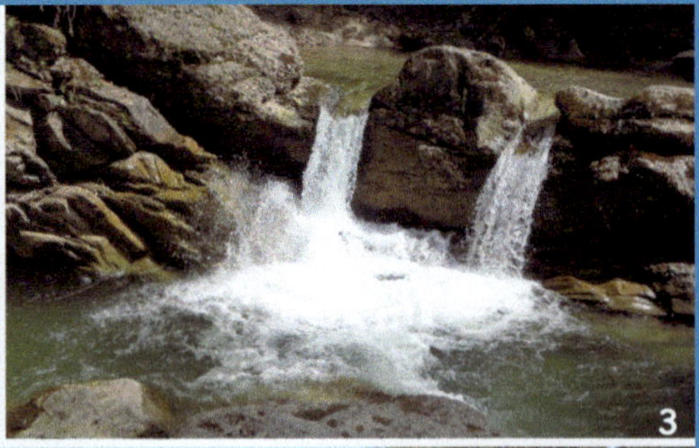

3

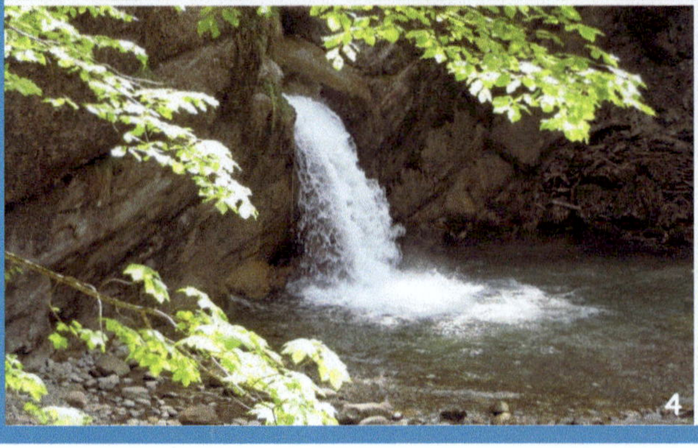

4

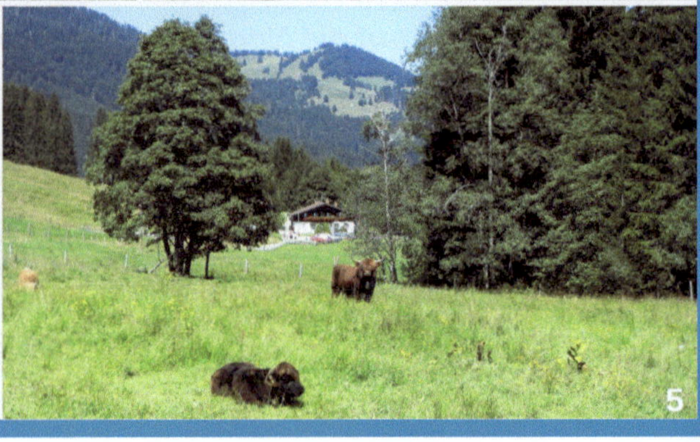

5

Tourenverlauf

Beginn: Parkplatz Ostertal (P5) Variante Parkplatz Säge (P4)

Die kurze Rundtour startet am 996 Meter hoch gelegenen Ostertal-Parkplatz oder am Parkplatz Gunzesried Säge (dauert zehn Minuten länger). Die Parkgebühr in Münzen beträgt 2,50 Euro (2017).

Der Start von der Buhlsalpe mit Einkehr bietet den Gästen kostenfreie Parkplätze. Die beschilderte Straße zur Alpe und zum Parkplatz zweigt links nach der Hohe Brücke vor Gunzesried Säge ab.

Beide Eingänge zum Tobelweg sind mit Torbögen markiert. Den Ostertal-Tobelweg aufwärts wandernd schenkt die besseren Aussichten auf die Wasserfälle und Kaskaden.

In Gunzesried Säge zweigt vom Birkachweg der Tobelweg durch den Torbogen zum Osterbach ab.

Wanderdaten (Parkplatz Gunzesried Säge)

- GEHZEIT STUNDEN 1 (1,2)
- LÄNGE KILOMETER 3 (3,3)
- HÖHENMETER 80 (90)
- LEISTUNGSBEDARF 7 (8)

Bildbeschreibung

Oben: Entspannen am Ufer des dritten Wasserfalls im Ostertaltobel
1: Eingang Ostertal-Tobelweg im Tal
2: Erster Wasserfall, Blick von der Ruhebank am Tobelweg
3: Obere Stufe des zweiten Wasserfalls
4: Der dritte Wasserfall am Tobelweg
5: Am Rundweg lockt die Buhlsalpe zur Einkehr
Weitere Bilder und Wanderbericht: https://pagewizz.com/30619

Tourenverlauf

Beginn: Parkplatz Säge (P4) Variante Ostertal (P5)

Vom Parkplatz Gunzesried Säge geht es auf dem Ostertal-Tobelweg entlang den Wasserfällen aufwärts. Die ohne Tobelweg 1.500 Meter kürzere Variante beginnt vom Ostertal-Parkplatz. Nahe von diesem lockt zur Einkehr die, auch mit dem Auto erreichbare Buhls Alpe.

Über den bequemen Hangweg Kempter Wald und einem Forstweg wird der aussichtsreiche, breite Panoramaweg erreicht.

Beim Abzweig Richtung Rangiswanger Horn steigt links der Bergweg hoch zum Gipfelkreuz des Ofterschwanger Horns.

Beim Rückweg mündet ein Wiesenpfad in den Panoramaweg. Bald lädt die Weltcup-Hütte zur Einkehr. Beim Allgäuer Berghof führt linker Hand die Almstraße direkt zu den Parkplätzen zurück über die Geißrücken-Alpe.

Wanderdaten (Parkplatz Ostertal P5)

- GEHZEIT STUNDEN 3,75 (3,25)
- LÄNGE KILOMETER 10,6 (8,7)
- HÖHENMETER 460 (380)
- LEISTUNGSBEDARF 27 (23)

Bildbeschreibung

Oben: Ofterschwanger Horn, Blick ins Illertal,
dahinter Rotspitz, Großer Daumen, Nebelhorn, Rubihorn
1: Weltcup-Hütte an der Bergstation, Grüntenblick
2: Am Gipfelkreuz Aussicht in die Oberstdorfer Bergwelt
3: Blick nach Südost ins Illertal
4: Blick über Horn-Alpe, Sonthofen und Burgberg zum Grünten
Weitere Bilder und Wanderbericht: https://pagewizz.com/30619

4 Ostertal - Rangiswanger Horn - Fahnengehren Alpe

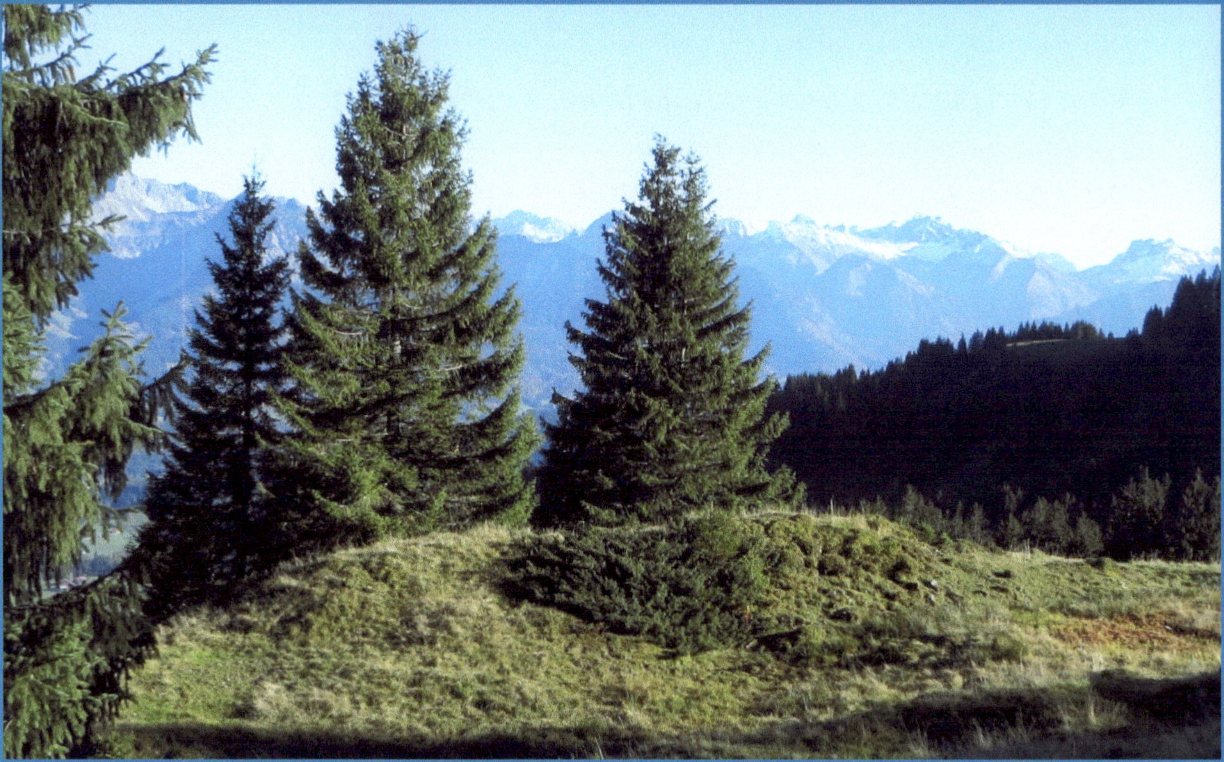

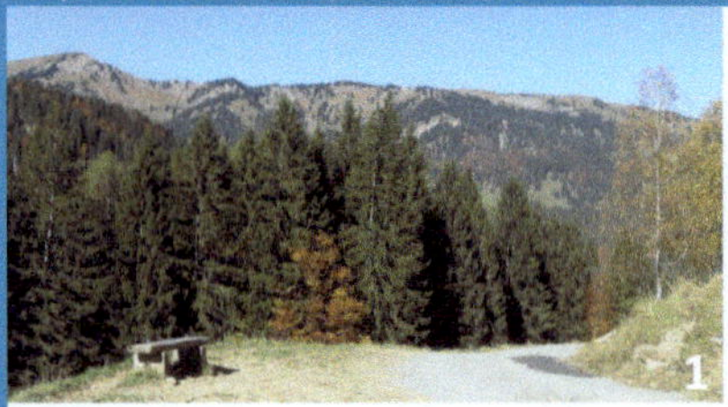

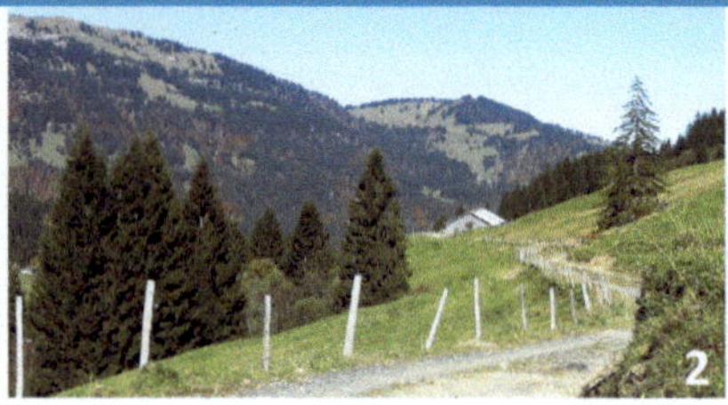

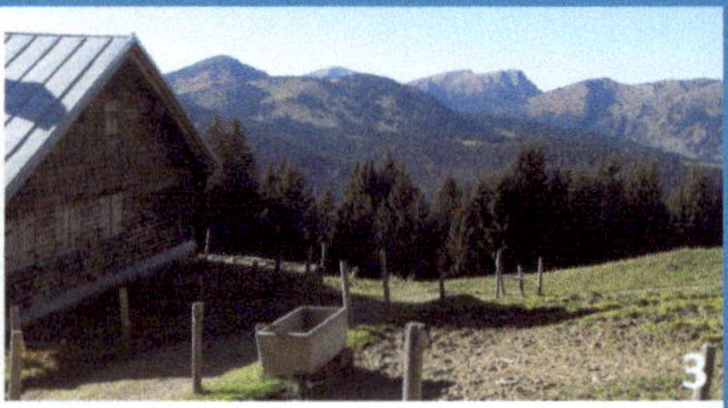

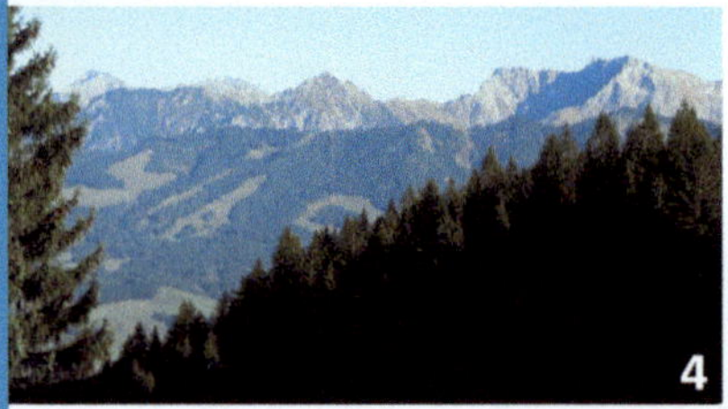

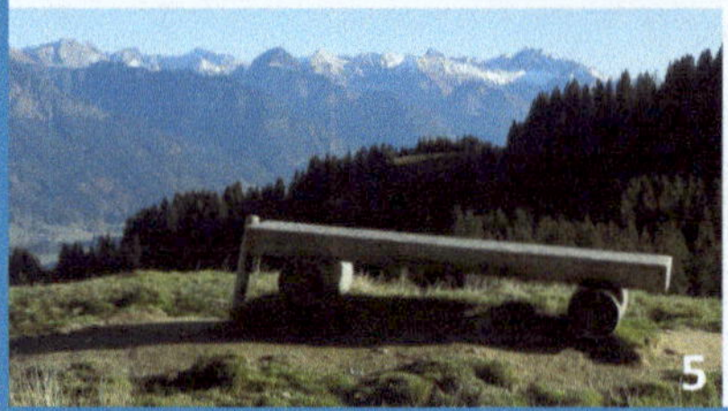

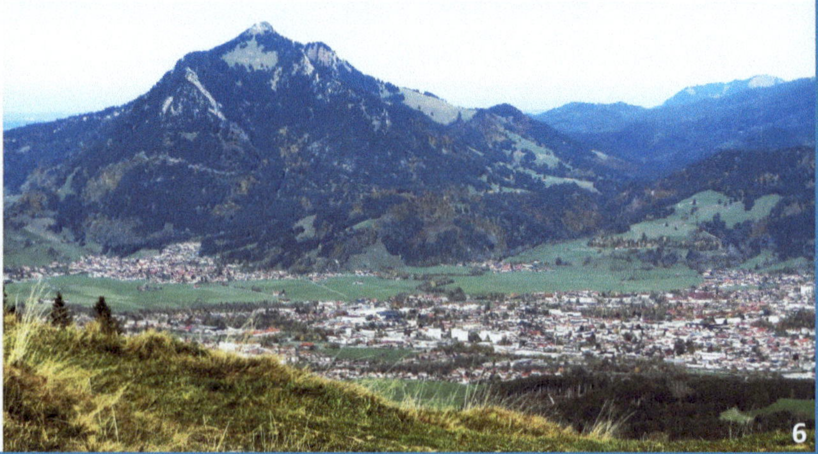

Tourenverlauf

Beginn: Parkplatz Ostertal (P5) nahe Buhls Alpe

Vom Ostertal führt die Almstraße linker Hand hinauf zur Holzschlag-Alpe und endet bald nach dieser in den Wald- und Wiesenpfad zum Ober-Älple. Hier geht es wieder weiter auf einer Almstraße hoch zur Rangiswanger-Alpe.

Über einen Wiesenpfad wird der Sattel (1.560 m) erreicht. Alternativ bietet sich jetzt die ewas kürzere Strecke über den Panoramaweg an. Angenehmer ist das Wandern auf dem Hauptweg über das Rangiswanger Horn (1.616 m). Beide Strecken erfreuen mit schönen Blicken in die Bergwelt des Allgäus.

Nach der Fahnengehren-Alpe zweigt links auf der Almstraße der Weg unterhalb des Ofterschwanger Horns ab in Richtung Gunzesried. Der gut angelegte Kemptner Waldweg führt zurück ins Ostertal.

Wanderdaten Rangiswanger Horn (Panoramaweg)

- GEHZEIT STUNDEN 4,75 (4,5)
- LÄNGE KILOMETER 11,4 (11)
- HÖHENMETER 620 (560)
- LEISTUNGSBEDARF 33 (31)

Bildbeschreibung

Oben: Panoramaweg zur Fahnengehrenalpe, Blick ganz rechts zum Kratzer
1: Blick nahe Holzschlagalpe auf Stuiben und Steineberg
2: Rückblick zur Holzschlag-Alpe
3: Rangiswanger-Alpe Blick auf Rindalphorn, Buralpkopf
4: Am Sattel Blick Gaishorn, Rauhhorn, Rotspitz, Daumen
5: Höfatsblick am Abzweig zum Rangiswangerhorn
6: Blick auf Sonthofen, Burgberg, Grünten
Weitere Bilder und Wanderbericht: https://pagewizz.com/31830

Tourenverlauf

Beginn: Parkplatz (P6) Hintere Au-Alpe, Aubachtal

Der 1.050 Meter hohe Parkplatz wird über die Mautstraße von Gunzesried Säge erreicht. Alternativ kann die Tour - von Oberstdorf aus kommend - über den Riedbergpass ab Balderschwang starten.

Nach Westen führt der Aufstiegsweg bequem über die Siplinger Alpe und den Siplinger Nadeln in etwa zweieinhalb Stunden. Der Wegweiser beim Parkplatz nennt zwei Stunden. Der Aufstiegsweg ist sicher und gut angelegt. Die letzte Viertelstunde helfen hunderte Stufen aus Holzbohlen den Gipfel zu erreichen.

Der Abstieg führt über die Hirschgund-Alpe zurück ins Aubachtal. Bis zur Alpe ist der Weg unbequemer als der Aufstiegsweg. Vorsicht: Hinter der verfallenen Hütte auf 1.400 Metern Höhe führt der Pfad unterhalb der Hütte weiter zu Hirschgund Alpe. Von dort wird auf der Almstraße der Parkplatz in einer halben Stunde erreicht.

Wanderdaten

- GEHZEIT STUNDEN 4
- LÄNGE KILOMETER 8
- HÖHENMETER 700
- LEISTUNGSBEDARF 30

Bildbeschreibung

Oben: Blick nach Norden vom Siplinger Kopf zur Nagelfluhkette mit Hochgrat und Rindalphorn
1: Blick oberhalb Siplinger Alpe zum Rindalphorn
2: Blick auf Siplinger Nadel, Sedererstuiben, Stuiben
3: Vom Siplinger Kopf: Blick ins Illertal, Grünten
4: Abstieg: Blick zum Riedberger Horn und Allgäuer Berge
5: Nahe Hirschgundalpe: Hochgrat, Rindalphorn, Gündleskopf
Weitere Bilder und Wanderbericht: https://pagewizz.com/36327

6 Scheidwangalpe - Hochgrat - Brunnenauscharte

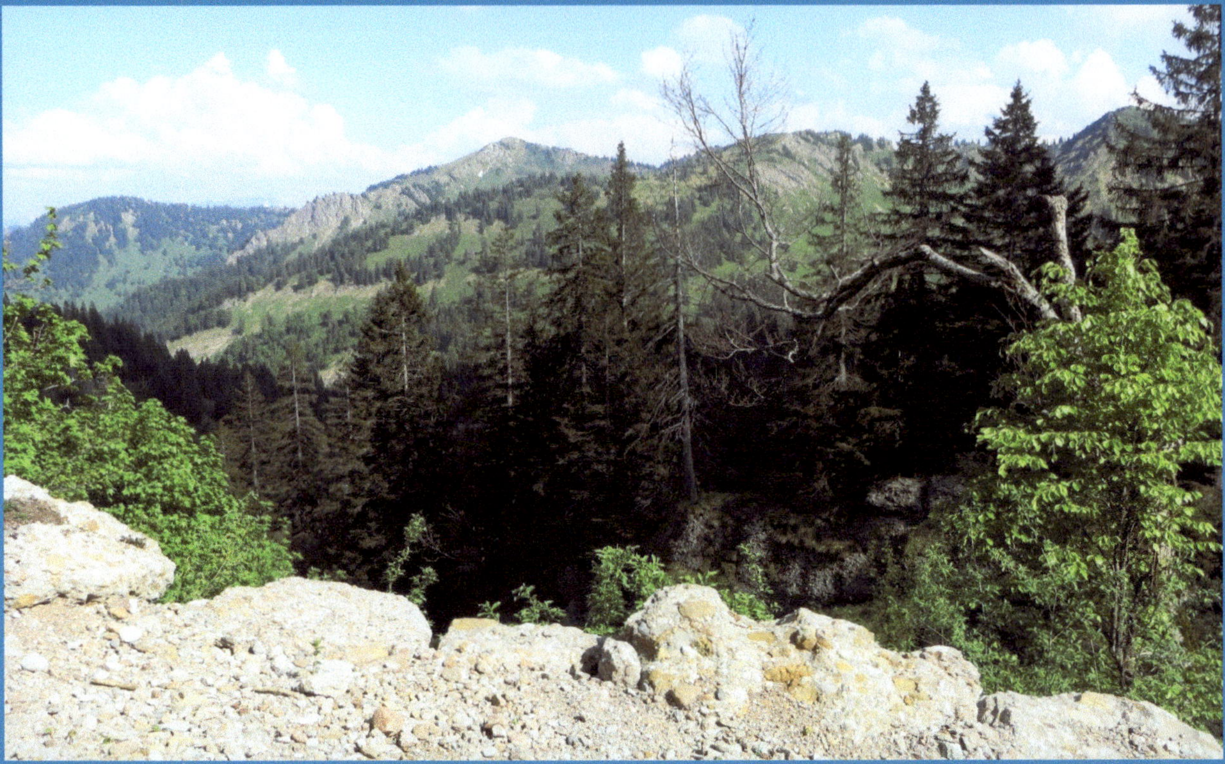

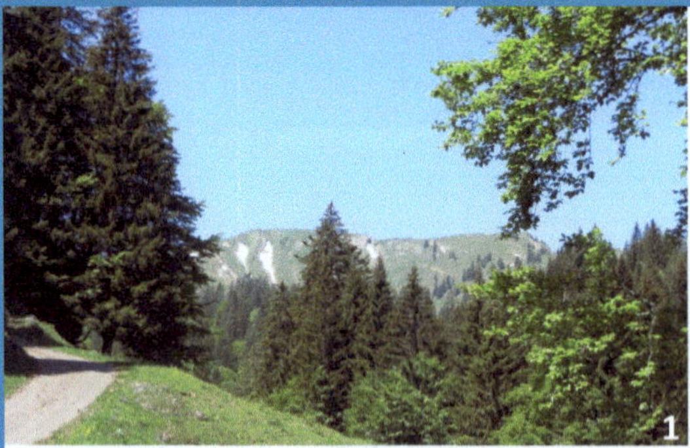

1

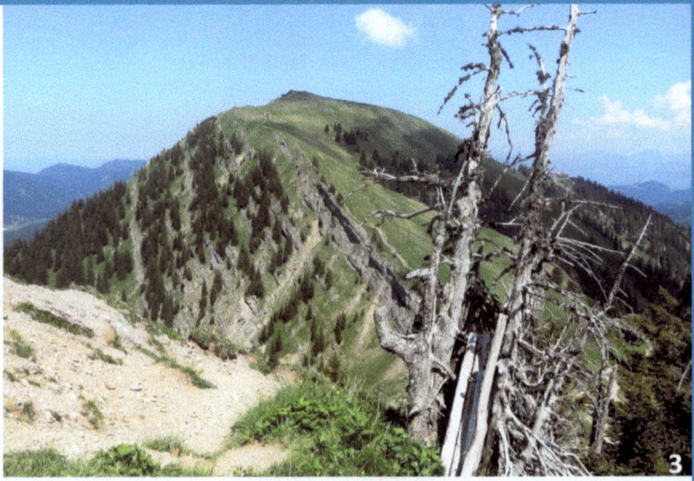

3

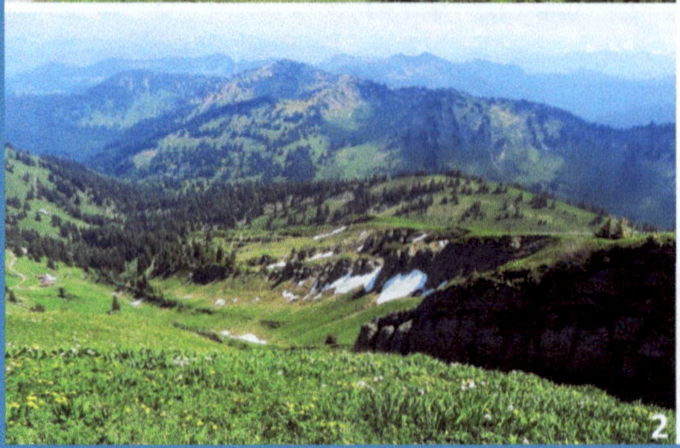

2

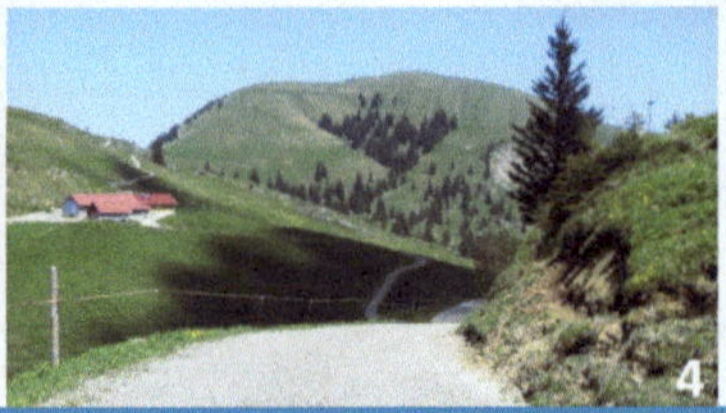

4

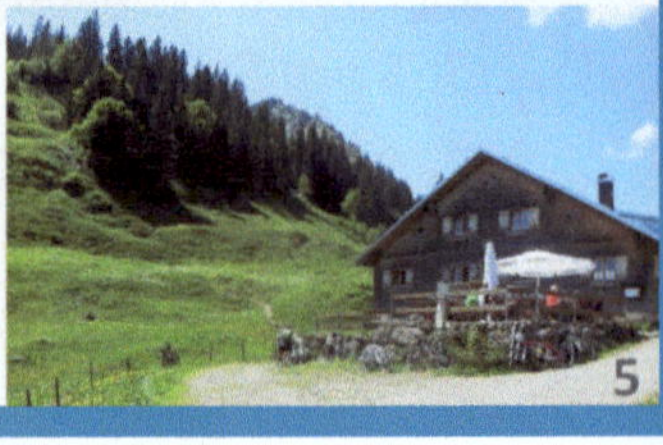

5

Tourenverlauf

Beginn: Parkplatz Scheidwangalpe (P7) und kurz davor

Sieben Kilometer lang ist die Mautstraße von Gunzesried Säge zur 1.317 Meter hoch gelegenen, gastlichen Scheidwangalpe. Von hier ist der Hochgrat, mit 1.833 Metern Höhe höchster Berg der Nagelfluhkette auf guten Wanderwegen leicht erreichbar.

Zu Beginn zweigt links die Almstraße vorbei am Leiterberg ab zur Obergelchenwangalpe. Weiter führt ein breiter Wanderweg zur einladenden Bergstation der Hochgratbahn mit schönen Fernblicken von der Terrasse aus. Einige Minuten vor der Bergstation steigt der gut ausgebaute Bergweg hoch zum Hochgratgipfel.

Der Abstieg über den Bergkamm führt hinab zur Brunnenauscharte. Ab der Gütle Alpe - vorbei an der Untergelchenwang-Alpe - geht es auf der Almstraße zurück zum Ausgangspunkt.

Wanderdaten

- GEHZEIT STUNDEN 4
- LÄNGE KILOMETER 8,8
- HÖHENMETER 550
- LEISTUNGSBEDARF 28

Bildbeschreibung

Oben: Blick auf Siplinger Nadeln, Siplingerkopf (1.746m), Heidenkopf (1.685 m) und Girenkopf (1.683m)
1: Nahe der Scheidwangalpe zeigt sich der Hochgrat
2: Blick vom Hochgrat nach Süden
3: Blick auf Brunnenauscharte und Rindalphorn
4: Blick zur Obergelchenwangalpe und Rindalphorn
5: Scheidwangalpe
Weitere Bilder und Wanderbericht: https://pagewizz.com/34589

Tourenverlauf

Beginn: Parkplatz Scheidwangalpe (P7), Hintere Au-Alpe (P6)

Nach der Anfahrt ab Gunzesried-Säge auf der Mautstraße (vier Euro abgezählt für den Automaten) ins Aubachtal bis zur Scheidwangalpe (1.317 Meter hoch) beginnt der Aufstieg.

Für Wanderer mit guten Ortskenntnissen geht es bald rechts nach der Brücke oder ab der Untergelchenwang Alpe über Almen weglos hoch zum Rindalphorn (1.821 Meter hoch).

Die übliche Strecke (Variante) hinab auf der Mautstraße (eventuell mit Fahrrad), über die Hintere Au-Alpe und Vordere Rindalpe hoch verlangt mehr Leistung.

Der Rückweg erfolgt auf guten Wegen über den Gelchenwangerkopf und Brunnenauscharte zur Gütle Alpe. Vorbei nahe der Untergelchenwang Alpe endet die Almstraße am Ausgangspunkt.

Wanderdaten Direktaufstieg (übliche Rundstrecke)

- GEHZEIT STUNDEN 4 (5,5)
- LÄNGE KILOMETER 8 (11,5)
- HÖHENMETER 570 (825)
- LEISTUNGSBEDARF 28 (39)

Bildbeschreibung

Oben: Blick vom Rindalphorn über Buralpkopf und Gündleskopf ins Illertal
1: Scheidwangalpe
2: Blick Richtung Illertal
3: Blick nahe Gipfel Rindalphorn Richtung Illertal
4: Blick nahe dem Gipfel Rindalphorn auf die Vordere Rindalpe
5: Von der Brunnauscharte Blick zum Hochgrat
Weitere Bilder und Bericht: https://pagewizz.com/36316

Tourenverlauf

Beginn: Parkplatz (P6) Hintere Au-Alpe, Aubachtal

Von der Hintere Au-Alpe steigt die Almstraße hoch zur Vordere Rindalpe. Hier geht der Weg rechts an der Rindalpe durch die Viehweide den Hang hinauf zur Gündlesscharte. Von hier aus wird gerne das 1.821 Meter hohe Rindalphorn besucht.

Rechts weiter den Hang hoch wird der Gündleskopf erreicht. Der Pfad am Bergkamm führt zum Buralpkopf. Nach dem Abstieg entlang der Obere Sedererwände zweigt vom Sattel abwärts - kaum markier - ein Pfad rechts ab. Entlang des nahen Bachufers geht es Richtung Gatter Alpe.

Ab hier wird das Wandern bequem auf der unmarkierten Almstraße (immer links halten). Kurz vor der Gabelung nahe der Wiesle Alpe geht es linker Hand zur Alpe Vorsäss 1. Auf der Mautstraße wird in 45 Minuten der Ausgangspunkt erreicht.

Wanderdaten

- GEHZEIT STUNDEN 5,75
- LÄNGE KILOMETER 11
- HÖHENMETER 900
- LEISTUNGSBEDARF 41

Bildbeschreibung

Oben: Vordere Rindalpe auf 1.475 Meter mit Blick auf das Rindalphorn
1: Am Aufstieg zur Vordere Rindalpe
2: vom Buralpkopf Blick Stuiben und Sedererstuiben
3: Beim Abstieg Blick auf Tennenmoos- und Siplingerkopf, darunter Parkplatz Hintere Aualpe
4: Gündleskopf: Blick in die Allgäuer Bergwelt
5: vom Buralpkopf Blick Gündleskopf und Rindalphorn
Weitere Bilder und Bericht: https://pagewizz.com/36327

Tourenverlauf

Beginn: Parkplatz (P4) Gunzesried Säge

Vom Parkplatz Gunzesried Säge sind es zwei bis zweieinhalb Stunden hinauf zum gut besuchten Stuiben. Über die Brücke der Gunzesrieder Ach beginnt die Tour in Richtung Wiesach.

Der Bergpfad steigt aufwärts über die Rauhenberg-Alpe zum Sattel "Eck". Ab jetzt wird es lebhafter. Besucher des Stuibens kommen von Immenstadt über die Gund-Alpe und über den Mittag und Steineberg hoch. Den Abzweig nach links kurz vor dem Sattel zum Gipfel markiert ein Schild.

Beim Rückweg kann der Sedererstuiben besucht werden. Hinab zum Sattel geht es kaum markiert über die Gatteralpe und nahe der Vordere Wiesle Alpe zur Mautstraße nach Gunzesried Säge. Am Ende der Mautstraße lädt die Alpe Gerstenbrändle zur Einkehr ein.

Wanderdaten

- GEHZEIT STUNDEN 4,75
- LÄNGE KILOMETER 12
- HÖHENMETER 900
- LEISTUNGSBEDARF 40

Bildbeschreibung

Oben: Stuiben Gipfelkreuz, Blick auf Buralpkopf und Rindalphorn
1: Blick vom Stuiben auf Kammpfad und Steineberg
2: Vom Sedererstuiben aus zeigt sich der Buralpkopf
3: Nahe den Oberer Sedererwände und Sattel
4: Unterhalb der Rothen Alpe Blick ins Aubachtal zum Siplinger Kopf
Weitere Bilder und Wanderbericht: https://pagewizz.com/26442

Tourenverlauf

Beginn: Parkplatz (P1) Gunzesried

Von Gunzesried Säge geht es auf der Straße Richtung Reute. Mit Blick auf Gunzesried vorbei an der Dürrehornalpe lockt die Vordere Krumbachalpe zur Einkehr. Dann mündet der Weg in die Fernwanderwege Richtung Steineberg.

Kurz vor dem Gipfel wird über eine Leiter direkt der Gipfel erreicht.

Vom Steineberg aus führt die Strecke über den gut gesicherten Steig entlang des Bergkamms bis zum Eck. Hier kann der Stuiben mit 40 Minuten Aufstieg besucht werden.

Zurück zweigt der Bergpfad wenige Schritte in Richtung Stuiben ab über die Gratgasse nach Wiesach. Vorbei an der Winkelwies-Alm wandert es sich bequem auf Almstraßen zurück zum Parkplatz.

Wanderdaten

- GEHZEIT STUNDEN 5
- LÄNGE KILOMETER 13,3
- HÖHENMETER 850
- LEISTUNGSBEDARF 40

Bildbeschreibung

Oben: Beim Abstieg nahe vor dem Eck lockt der Stuiben zum Besuch
1: Über das Illertal Blick auf Rotspitz und Großer Daumen
2: Vom Gipfelkreuz Aussicht auf Sonthofen und ins Ostrachtal
3:Der Blick nach Norden zeigt Immenstadt und Iller
4: Obere Krumbachalpe Blick auf Altstädten, Rotspitz, Großer Daumen und Nebelhorn
Weitere Bilder und Wanderbericht: https://pagewizz.com/24887

11 Gunzesried - Tobelweg - Mittag - Vordere Krumbachalpe

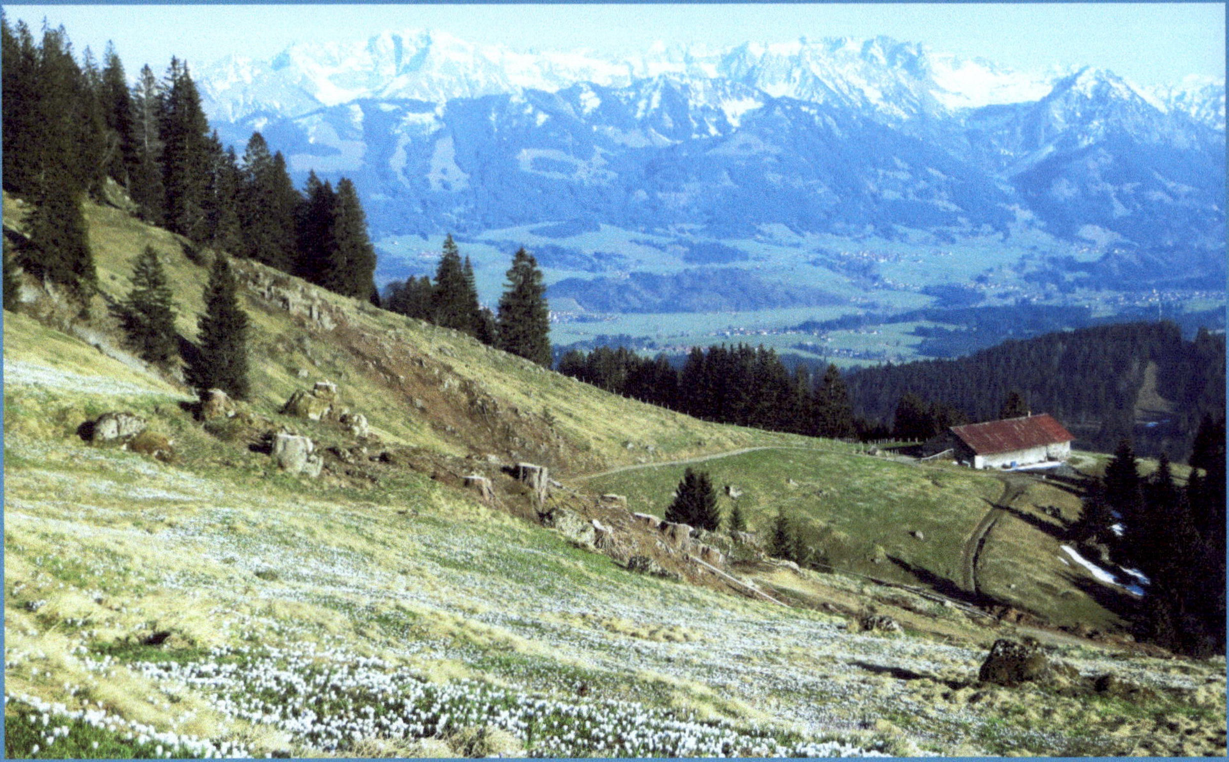

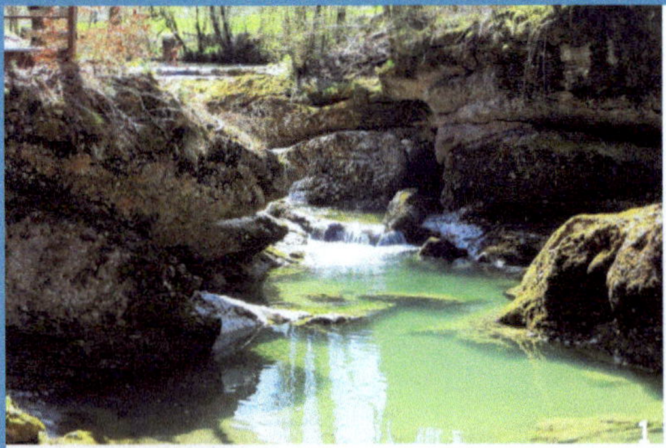

1

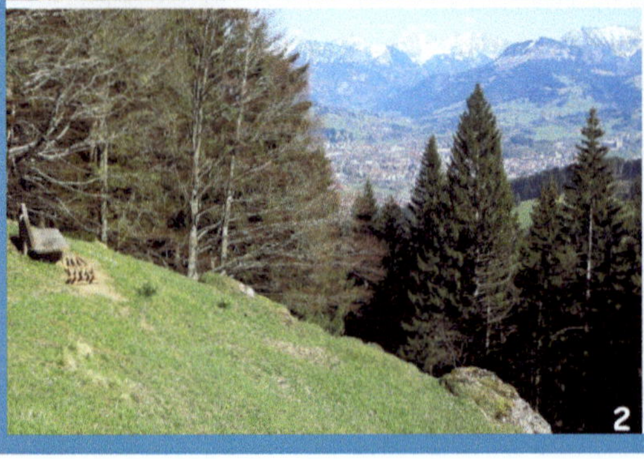

2

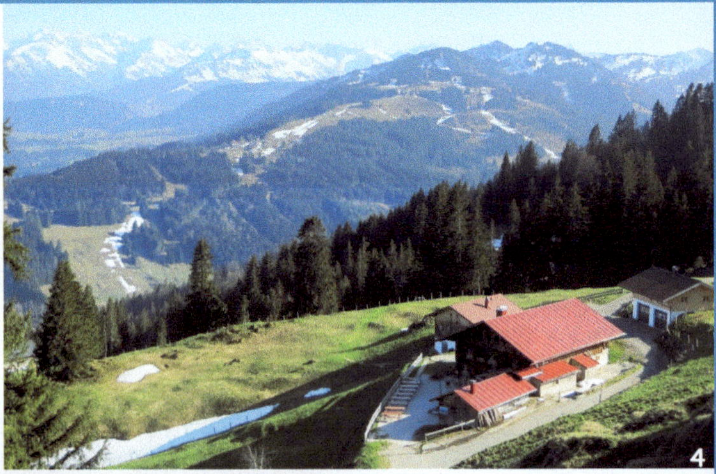

4

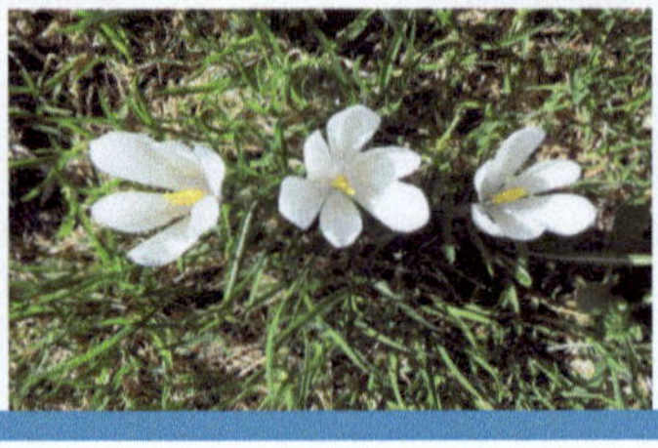

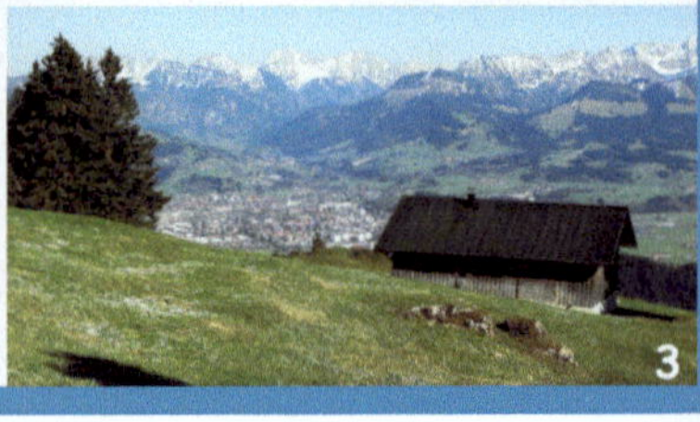

3

Tourenverlauf

Beginn: Parkplatz (P1) Gunzesried

Vom Parkplatz aus beginnt die Rundstrecke die Straße Bihlerdorf - Gunzesried querend. Gut beschildert begleitet der Weg die Gunzesrieder Ach. Wasserkaskaden fließen über Nagelfluhgestein zur Iller.

Nach der Brücke über die Ach führt ein Aufstiegsweg nach Reute. Nach wenigen Schritten auf der Straße Richtung Gunzesried zweigt die Almstraße rechts hoch zur Käser-Alpe.

Bald lädt die Sennalpe Oberberg mit Aussichtsterrasse zur Einkehr ein. Der direkte Weg von hier zum Bärenköpfle ist etwas kürzer. Empfehlenswert ist der Besuch der Mittagbahn Bergstation. Von hier geht der bequeme Wanderweg mit Ruhebänken zum Bärenköpfle.

Der Abstieg führt über die Vordere Krumbachalpe durch Gunzesried zum Ausgangspunkt.

Wanderdaten

- Gehzeit Stunden 3,5
- Länge Kilometer 10,6
- Höhenmeter 600
- Leistungsbedarf 30

Bildbeschreibung

Oben: Am Bärenkopf, Ausblick über die Vordere Krumbachalpe zum Großer Daumen, Nebelhorn, Rubihorn
1: Kurz nach dem Start am Tobelweg Blick auf die Gunzesrieder Ache
2: Ruhebank bei der Käseralpe mit Blick auf Sonthofen
3: Unterhalb der Alpe Oberberg Blick auf Sonthofen und in das Ostrachtal
4: Blick vom Mittag auf die Sennalpe Oberberg
Weitere Bilder und Wanderbericht: https://pagewizz.com/34598

12 Bühl - Großer Alpsee - Siedelalpe - Alpe Schönesreuth

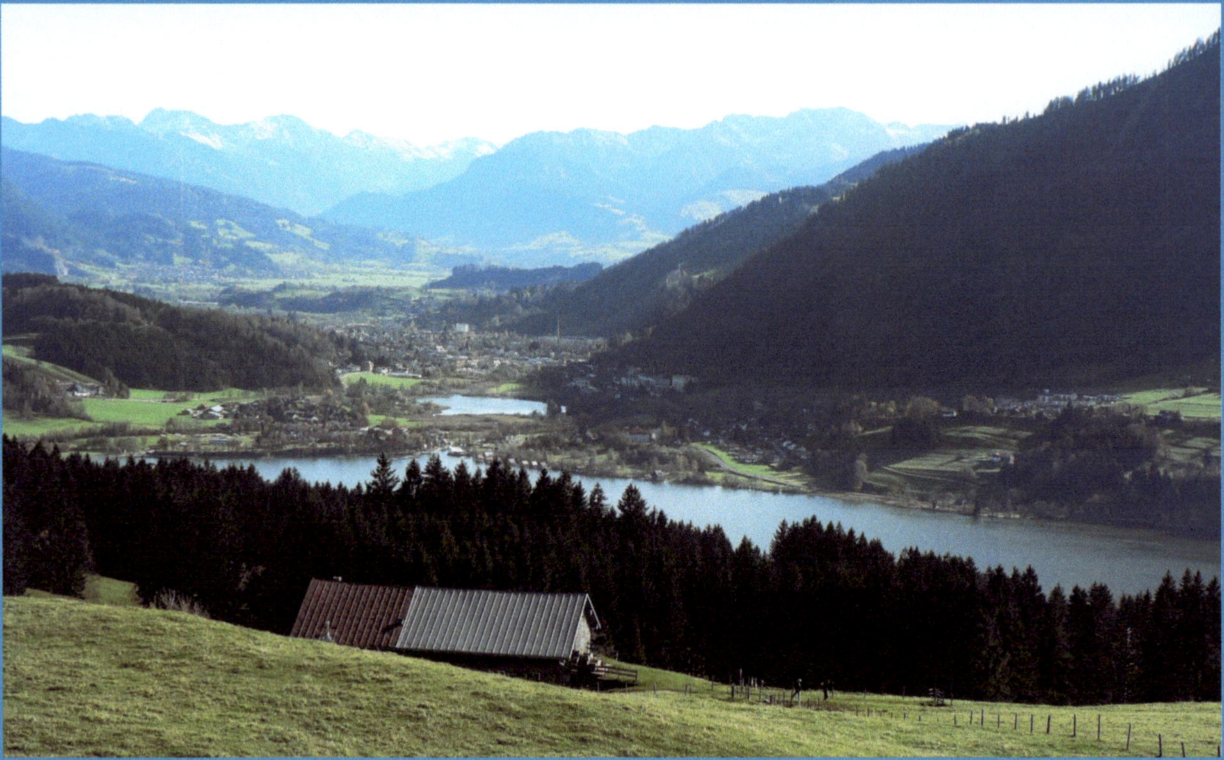

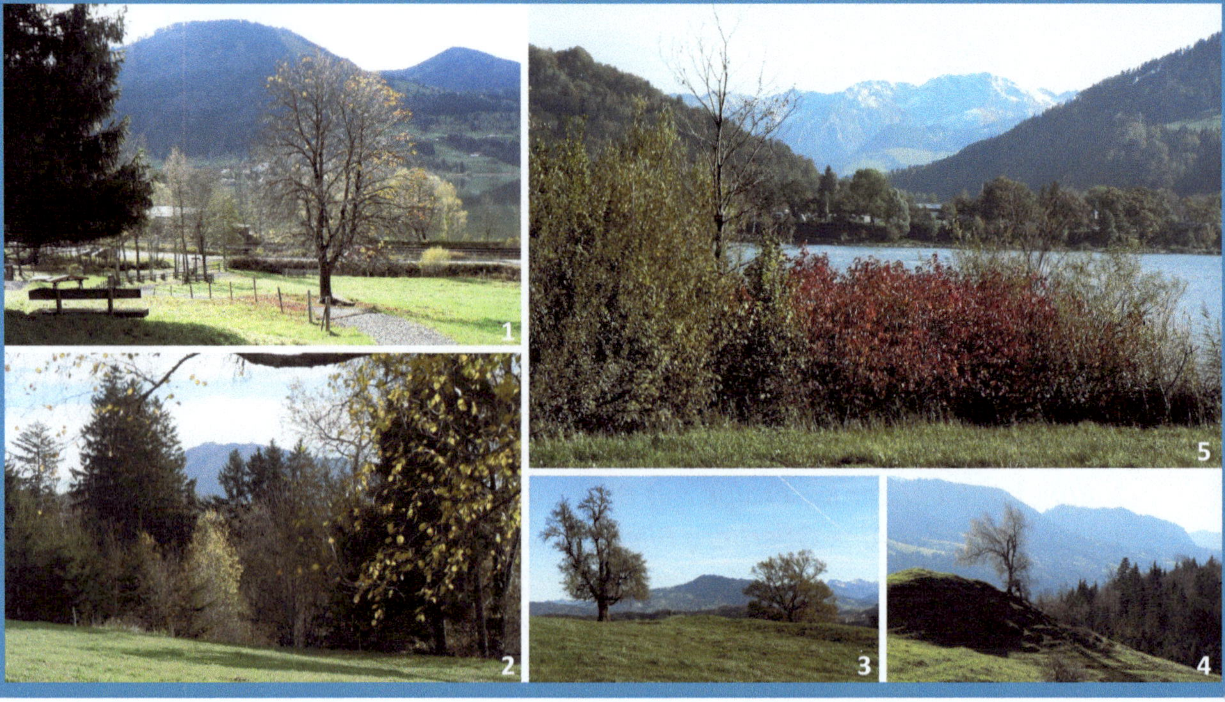

Tourenverlauf

Beginn: Parkplatz (P8) Bühl, Strandbad

Vom Parkplatz Bühl am Strandbad beginnt der Aufstieg durch Wald und Wiesen nach Zaumberg. Im Ort beim Wegekreuz führt links abbiegend, der breite, ebene Wanderweg zur Siedelalpe.

Hier lohnt der Abstecher zum nahen "Gipfelkreuz" auf 1.024 Meter Höhe. Am Rückweg zum See zeigen sich eindrucksvoll alte Bäume. Bald lädt die Alpe Schönesreuth zur Einkehr ein.

Von der Alpe in Richtung Osten ist ein Wanderpfad direkt hinab zum Alpsee angelegt. Das spart den Umweg über den Abstieg auf der Almstraße nach Westen.

Auf der Uferstraße kann in Alpseewies über den Bahnübergang zur Uferpromenade gewechselt werden. So klingt die Wanderung mit einem Spaziergang aus.

Wanderdaten (Variante Klettersteig)

- GEHZEIT STUNDEN 2,25
- LÄNGE KILOMETER 8,2
- HÖHENMETER 280
- LEISTUNGSBEDARF 18

Bildbeschreibung

*Oben: Von der Siedelalpe Blick über Alpseen und Immenstadt
auf Gais-, Rauhhorn, Rotspitz, Großer Daumen
1: Am Alpsee, nahe dem Strandbad, beginnt der Weg nach Zaumberg
2: Grüntenblick beim Aufstieg nach Zaumberg
3+4: Magische, alte Bäume beim Abstieg zur Schönesreuthe-Alpe
5: Blick von der Seepromenade zum Großer Daumen
Weitere Bilder und Wanderbericht: https://pagewizz.com/32187*

Inhaltsverzeichnis Teil 1 - Oberstdorf

Inhaltsverzeichnis Teil 2 - Naturpark Nagelfluhkette